亚布力
企业思想家系列丛书
Business Thinkers Series

特别鸣谢 茅君王 对本书的鼎力支持

中国经济再出发

亚布力中国企业家论坛◎编著

知识产权出版社
全国百佳图书出版单位

图书在版编目（CIP）数据

中国经济再出发/亚布力中国企业家论坛编著. —北京：知识产权出版社，2019.1
ISBN 978 - 7 - 5130 - 6041 - 7

Ⅰ.①中…　Ⅱ.①亚…　Ⅲ.①中国经济—经济发展—研究　Ⅳ.①F124

中国版本图书馆 CIP 数据核字（2018）第 298919 号

内容提要

中国经济在经过 40 年的高速发展后，遇到了一些挑战。从内部看，中国面临着经济转型压力；从外部看，美国贸易保护主义政策进一步施行，给全球贸易格局带来了极大的冲击，对中国经济产生了不利的影响。在内、外双重因素的影响下，中国企业面临着新的压力和挑战。

在这个当口，中国企业如何越过寒冬？中国经济如何再出发，创造下一个经济奇迹？

责任编辑：陈晶晶　　　　　　　　　　责任校对：谷　洋
装帧设计：邵建文　　　　　　　　　　责任印制：刘译文

中国经济再出发

亚布力中国企业家论坛　编著

出版发行　知识产权出版社 有限责任公司　　　　网　　址：http：//www.ipph.cn
社　　址：北京市海淀区气象路 50 号院　　　　　邮　　编：100081
责编电话：010 - 82000860 转 8391　　　　　　　责编邮箱：shiny-chjj@163.com
发行电话：010 - 82000860 转 8101/8102　　　　　发行传真：010 - 82000893/82005070/82000270
印　　刷：北京嘉恒彩色印刷有限责任公司　　　　经　　销：各大网上书店、新华书店及相关专业书店
开　　本：720mm×1000mm　1/16　　　　　　　印　　张：15
版　　次：2019 年 1 月第 1 版　　　　　　　　　印　　次：2019 年 1 月第 1 次印刷
字　　数：220 千字　　　　　　　　　　　　　定　　价：59.00 元
ISBN 978 - 7 - 5130 - 6041 - 7

拥抱变化

丁立国 ▶ 德龙控股有限公司董事局主席

2018年开年以来，中美在双边贸易上的较量已经历了好几个回合，呈现出愈演愈烈的势头，一度成为热点话题，企业家们因此产生了担忧，贸易摩擦带来的负面效果也逐渐显现，有的是略有影响，有的则是致命打击。恶劣的国际环境在一定程度上降低了企业家发展的信心，尤其是国际贸易量较大的和涉及核心技术领域的企业。

从中我们可以看到，并不是制定了规则所有人都会遵照执行，我们期望公平的国际贸易机制，但也看到了中国经济在发展中存在的问题和今后要努力的方向。我们无法左右外部环境，只能全力以赴地去强自身、补短板、聚焦高质量发展，掌握更多的核心技术，增强国家的综合实力。做好我们自己的事，才有足够的底气去应对开放和创新之路上的各种风险。

虽然中美贸易摩擦对中国企业家的发展信心带来了一定的负面影响，但国家出台了多项政策，供给侧结构性改革深入推进，高质量发展基础不断夯实，完善市场经济运作方式，降低企业税率，强化政务服务水平，加大对外开放力度，共建人类命运共同体，重视企业家和企业家精神等，从而营造了良好的政策环境、营商环境和社会文化环境，提振了企业家发展的信心，政策环境信心指数环比上升9.56%，同比上升6.72%；社会文化环境信心指数环比上升3.32%，同比上升7.09%。

聚焦高质量发展，供给侧结构性改革取得了显著的成效，让企业家更有信心。2018年上半年，41个工业大类行业中有38个行业增加值保持同比增长，增长率达92.7%。工业利润实现快速增长，全国规模以上工业企业利润同比增长17.2%，主营业务收入利润率为6.51%，同比提高0.41个百分点；产业结构进一步优化，工业战略性新兴产业、高技术产业和装备制造业增速较快，比重上升。具有较高技术含量和较高附加值的工业产品产量快速增长。2018年上半年，新能源汽车、智能电视机、工业机器人、锂离子电池、集成电路、太阳能电池等产品产量增长较快，分别同比增长88.1%、16.9%、23.9%、10.7%、15.0%和8.6%；2018年杠杆率继续降低，6月末，规模以上工业企业资产负债率为56.6%，同比降低0.4个百分点，国有企业去杠杆成效更为明显。

"一带一路"倡议深化了对外开放，带来了前所未有的发展机遇。习近平主席在博鳌亚洲论坛上指出："中国开放的大门不会关闭，只会越开越大。"提出了大幅度放宽市场准入、创造更有吸引力的投资环境、加强知识产权保护和主动扩大进口等四大举措。2018年7月19日，习近平主席的中东和非洲之行，躬身实践推动构建人类命运共同体。一系列的措施带来了中国企业海外投资发展的新机遇。2018年上半年，中国企业对"一带一路"沿线的55个国家又新增投资合计74亿美元，同比增长12%。企业要主动融入"一带一路"大格局，进一步扩大对外开放。

2018年5月31日，张文中被改判无罪，接着顾雏军案开庭重审，彰显了国家对企业家群体的关注，对企业家精神的弘扬以及对企业家创业环境的营造，在企业家群体中掀起了轩然大波，看到了党和国家依法保护产权和企业家合法权益的坚定决心和实际行动，进一步营造了企业家健康成长的环境及发挥作用的空间。良好的社会文化环境大大提振了企业家的发展信心。张文中案的重审，对企业家们安心创业、放心投资和专心创新，无疑都有着积极作用。这也对企业家群体提出了更高的要求，要树立积极正向的社会形象，而"假疫苗"事件造成的信任危机，主要也是由于社会责任意识的缺失。企业要想获得长足发展，就应该坚守"社会责任"这条底线，这不仅仅是社会的需要，也是企业自身的需要。

环保政策区别对待，积极引导企业绿色发展。一开始地方政府的"一刀切"政策使得那些积极投入环保的企业备受打击。这使得企业极为茫然：到底大力投入环保治理对企业有没有意义？从开始的"一刀切"式关停，到最近的政策区别对待，我们应该可以看出中央的决心及尺度。符合标准的企业可以正常生产，而不合格的企业则被拒之门外，令负责任的企业可以享受到环保带来的"红利"，也使企业有动力在环保上加大力度投入。

在2018年上半年的《中国企业家发展信心指数报告》中，我们看到经济环境信心的得分为57.276，环比下降5.78%，同比下降3.25%。2018年上半年，金融监管的确在强化，财政政策偏紧，社会融资总额增速显著放缓，企业融资成本进一步上升，出现了融资难的问题，导致企业投资发展意愿有所降低。希望政府完善市场经济运作方式，给予民营企业公平的融资环境，打造真正的市场经济体；政府在贯彻"一带一路"倡议的过程中，能够为民营企业建立高效和优质的境外投资服务平台，建立健全民营企业"走出去"的服务保障机制，帮助真正具有市场竞争力的企业健康发展。

当下的中国，虽然在宏观金融政策、产业结构、内生动力等方面还存在一些问题，国际环境依然比较严峻，但从长远看，中国发展有诸多有利的方面。中国有着世界最大的消费需求市场；有着勤劳、智慧、勇于开拓创新的民族传统；国家在改革开放成就的基础上，聚力创新创造，聚焦高质量发展，加快全球化布局运营，营商环境在快速改善和优化——这就是我们这个民族及国家和平发展的希望和信心所在。作为企业，要主动顺应和拥抱变化，赶在变化到来之前先改变自己，把变化变为机会，加快推动经济向高质量发展转变。

03 / 创新与未来

后记　改革下一程 / 226

01

初心与再出发

●●●●●●●●●●●●●●●●●●●●●●●●●●●●●●●●●●●●●

改革开放之初为什么决定改革？是因为中国的经济已接近崩溃的边缘。40年以后，我们吃穿不愁，但是我们企业的发展，特别是这几年的发展，出现了一些困难。因此，我们需要找回40年前改革开放的初心，摆正心态，来应对当前的问题。

在"动荡"时代做不动荡的自己

文 俞敏洪　新东方教育科技集团董事长兼首席执行官

我今天的演讲题目是《在一个"动荡"的时代做不动荡的自己》。确实，我们每个人都感受到了这个时代的"动荡"，不光是中国，而是全世界。我们每个人都期望祖国变得更好，希望自己能够发挥更大的作用；同时，我们每个人也都不希望自己沉沦下去，而希望自己能够成为中流砥柱，为这个时代添砖加瓦。这些也是我今天演讲题目得来的缘由。

非常巧的是，刚才刘明康主席讲了很多宏观经济方面的问题，而我也准备谈一些宏观的见解，不过刘主席是专业的，而我是"江湖"的。但我认为这不约而同的背后有一个共同的原因，就是中国的宏观政策、宏观经济已经对中国经济发展以及企业家起到了至关重要甚至决定生死存亡的作用。中国宏观经济政策大多是这样：一个政策可能让一部分企业倒闭，也可能会把一群企业激活。

接下来，我将从四个方面来谈谈我所理解的"动荡"。

第一，现在这种"放水"、杠杆作用、政府主导四万亿激发企业活力等政策的刺激作用和效果其实已经不那么明显了。今后，国家如果只是加大投资杠杆，已经比较难激发中国企业的整体活力。所以，现在政府去杠杆政策的落实不管多痛苦，都是一个必经之路。我们都知道，其实中国经济的很多"杠杆"，都没有用到真正应该用的地方。原来不管是多少万亿，最后都用于国家的大型项目和盲目投资上，最后还导致产能过剩，钱花在了不该花的地方。而民营企业却拿不到钱，最后饿得嗷嗷叫，倒闭了一批又一批。这就好比一个人病了，应该对症下药好好养病，但医生却给你吃猛药，让你兴奋，让你感觉自己好像没病。现在的中国经济，不管是民营经济、国有经济，还是国家政策，在某种程度上都有点"病"。这种"病"必须得尽快治，不能等得了大"病"再治，而现在已经到了中国经济发展的"十字路口"。要治"病"就要经历各种痛苦，这种痛苦要熬过去，不光民营经济要熬，国家政府也要同舟共济一起熬。只要保证企业不倒，未来就会等到更好的机会发展。

第二，各级政府手里没钱、负债太多。政府财政虽然有银行贷款的钱和卖土地的钱，但其实政府的行政花费是一笔巨大的数字。首先是公务员开支。中国大概平均20多人养一个公务员，同时政府还要进行各种各样的投资、基础设施等，因此政府手里其实没有太多钱，甚至可能负债，就需要"赚钱"，而这些钱就要从民间获取，但现在民间的钱也不多。大部分企业都走在生死边缘上，利润越来越少，收入越来越少。再加上现在出口也受到了限制，民间消费力量在减弱，消费指数也在急剧下降，出口和内需都拉动不了企业的发展。前段时间，企业家蒋锡培在会上向李克强总理反复陈述要减税，主要是强调了两个方面的减税：企业的减税和社保基数的下调。其实政府的减税政策是有的，但是最终企业却交了更多的税，

2017年财政收入的增长比GDP（Gross Domestic Product，国内生产总值）的增长还要快。财政收入大部分应该来自企业，这也就意味着企业以各种各样的方式向国家缴纳了更多的税。政府没钱，企业艰难，这样下去很可能就会出现循环危机。政府和企业如果没钱，那就偿还不起银行的钱，这样银行的坏账就会越来越多，于是银行很可能将不再有给企业贷款的能力，而企业也很可能不愿意贷款，因为即使贷款，产品也卖不出去，拿到贷款也不知道怎么花。最后很可能会出现各种各样的情况和问题：企业出现倒闭，出现失业大军，房地产泡沫破裂，社会开始动荡等。这是大家最担心的，我们都希望这样的情况不要出现。

第三，市场经济缺乏活力。这十几年来，企业不断通过政府这只"看得见的手"调控和注资后，渐渐丧失了自我蜕变和"造血"能力。现在很多企业出了问题后，不是自己想办法看看如何创新、如何维持自我生存、如何让企业变得有活力，而是指望政府出一个新的政策来支持，好让企业活下去。这其实很像大人养孩子，从小给孩子喂饭，给孩子事无巨细的安排和各种各样的

> 这十几年来，企业不断通过政府这只"看得见的手"调控和注资后，渐渐丧失了自我蜕变和"造血"能力。

服务，等孩子长大了才发现他基本已经丧失了独立生存的能力。企业指望政府支持，政府也希望帮助企业，政府出的一系列政策其实都是希望改善民营经济和民营企业的现状，解决中国经济的分配问题。但是，中国却出现了一个怪现象：越有问题政府越管，政府越管企业越缺乏自我"造血"能力，政府也变得手足无措，于是只能一边"放水"一边监管，而且一监管就是"一刀切"。以P2P（person-to-person，点对点网络借款）为例，当初地方政府大力支持，紧接着现在又"一刀切"，于是好像所有的P2P都变成了违法企业，最后上亿人或多或少地受到了损失，但是不监管好像也不行。这两天，有个朋友问我有没有余钱，我问他做什么用？他说之前个人股票抵押给银行贷款了，但现在股市不好，如果没有钱周转，股票就要被平仓了。当初国家政策允许企业家将股票抵押到银行去贷款，以此来推动企业的发展，但现在好像又不让股票质押了。再以教育领域为

例，国务院最近刚下达了有关整顿教育培训机构的文件，但是却恨不得想要一天之内就把教育培训领域的混乱局面给掰正。当然，我们都知道，政府政策的用心是好的，但在实际执行过程中一定要给予足够的时间，让企业有回旋和调整的过程和机会。

第四，外部因素。最近的中美贸易摩擦，相信大家已经看得很清楚了，我认为贸易摩擦不单是特朗普的问题，而是中国崛起变成第二大经济体后，美国霸主地位受到影响所产生的必然结果。美国对于中国的这一次制裁政策几乎是出奇一致，不管是"左派"还是"右派"，不管是民主党还是共和党，貌似都回到了冷战思维。美国在军事上加大了投入，还要建造新的航空母舰，这无疑是想逼迫中国要么在军事上彻底放弃，要么也把大量的钱投入军事上去造出和美国相对抗的军事设施来。毫无疑问，这对中国是一个重大的考验：假如放弃了，国家没有安全感；假如不放弃，我们的钱就无法投入经济中，而要投入国防中。美国人的冷战思维，把中国带入了一个漩涡中。而现在，中国确实还没有强大到具有和美国真正抗衡的实力，所以常常受夹板气，政府受夹板气，企业也跟着一起受夹板气。贸易摩擦的最后结果还是中国企业，尤其是民营企业受害。当然了，有些企业不争气也让人很难受。我曾经买了中兴的股票，现在差不多也亏光了。更要命的是，中兴这样的科技企业在科技研发中的投入十分不足。因此我认为，中国企业在科技领域想要超越美国，还有待时日。

但是我相信，中国经济依然会继续发展。之所以这么认为，有四个理由，我想用四个词来表达：有人可用、有策可依、有圈可点、有技可发。

第一，有人可用。中国人是一群极具企业家精神和创新精神的人，改革开放40年来，我认为中国人的创造力其实只发挥了30%～40%。试问一下在座的企业家们：大家在做企业的时候真的无所顾忌地投入了吗？真的投入所有来为企业发展努力了吗？我想答案应该是，没有。因为大家投入的同时也在害怕，害怕政策的不确定性，害怕投入以后发生各种变故。因此，我认为政府应该创造一个让企业家们敢于全情投入的大环境。中国人才池很大，近十几年来中国大学进行了扩招，同时中国每年还有五六十万的留学生，但人才池其实还没有充分地利用起来。如果把这些人才充分利用起来，我认为中国至少还有30%~40%的经济增量，因为人才是最宝贵的资源。

第二，有策可依。政府手里其实还有"牌"，而这个"牌"绝不是再用几万亿的投资来刺激经济，也不是过分监管，而是给出真正保护企业家精神的法规和政策。如何保护企业家，如何保护企业家的创新热情，如何为企业家开道铺路创造方便，这些都要变成政府的核心思维，而且这个思维要直接涉及观念和思想的改变。中国有一个奇怪的现象，就是最高层领导支持市场经济改革的思想往往是对的，结果下面执行的时候"反"过来了或者走了"歪路"。刚才我们还在讨论休谟的"现代文明三原则"。休谟与乾隆是同时代的人，休谟的"现代文明三原则"是：财产的稳定占有、经同意的转让、遵守契约。这就意味着政府最重要的事情就是要让企业家们感到安全，而这个安全不仅是对于财产的安全、对于人身的安全，还要有对于企业发展的安全。而这些是政府要做的事情，因为民间是做不到的。

各级政府应该像过去40年那样，先勒紧裤腰带过一段时间的苦日子，让企业家们先把财富创造出来，再想办法让企业家更多地贡献社会。如果企业家不富有，人民也不富有，那么国家又怎么可能富有呢？我发现，中国真正能创业成功的人，很多有着政府工作经验。其实我认为真的应该让政府的规模小起来，鼓励政府里有经营头脑的人和更多的政府领导"下海"创业，这样还能减少政府行政开支，把钱用在老百姓身上。尽管现在严格奉行"八项规定"节省了一些财政开支，但节省下来的政府财政其实是凤毛麟角，真正巨大的体制性财政花费依然是个很大的数目。李克强总理也说了：要让人民和企业过上好日子，政府就要过紧日子。但实际情况却是，政府花的钱好像越来越多了。

第三，有圈可点。世界已经形成了一个互相依存的关系，美国就算再折腾，也改变不了世界离不开中国、中国也离不开世界的大局势。而我们要做的，就是让中国的产品得到世界的认可。这方面我认为中国有两大优势：首先，毫无疑问就是中国的制造业，尽管没有赶上德国工业4.0，但是中国的制造业现在依然是全世界最大的；其次，就是中国的市场，不管是对外市场还是中国内部市场也依然是全世界最大的。更重要的是，我们一定要让世界更加信任中国人。这次中美贸易摩擦的起因，当然这只是一个所谓的说法——就是中国加入WTO（World Trade Organization，世界贸易组织）以后，对该组织的一些规矩没有及时遵守。加入世界经济就要遵循世界规矩，遵守世界规矩就会取得世界信任，取得世界信任交易成本就会下降，交易成本下降中国企业的活路就会多出无数条。

第四，有技可发。科技可以改变世界，虽然中国科技整体水平是落后的，包括基础科技的研发，但中国的科技应用水平并不落后。未来我们要做的，是要在基础科技方面进行整体提升，让科技的应用不仅仅局限于国内。目前，互联网公司做的基本都是国内的生意，而且都是和人们的物质欲望和交流欲望相关的生意。像阿里巴巴和腾讯这样的大公司，一定要更多地走向世界，创造出真正影响全世界的科技产品来。一家科技公司创造出真正影响全世界的科技产品来才是厉害的，如何真正升级为世界重要的经济体很重要。人工智能等的发展极有可能催生出世界级别的产品来。中国有大数据的优势，人工智能又基于大数据，但最终能否做起来就要看企业家的高度了。如果企业家高度不够，依然只想着满足老百姓的简单需求，那中国科技赶超世界恐怕会遥遥无期。

> 一家科技公司创造出真正影响全世界的科技产品来才是厉害的，如何真正升级为世界重要的经济体很重要。

以上四点就是我认为中国经济能够继续发展的原因，但到底能不能做到，还要看政府和企业家的共同努力。

这次亚布力论坛夏峰会的主题是"不忘初心与再出发"，所以我想再结合大会主题简单讲讲。

我们都知道，江西出过很多优秀人才。今天我要讲的这个人物是王阳明，他虽然不是江西人，但是故事却发生在江西。话说，当时王阳明来到江西，在赣州一带平匪。在路上的时候有人告诉王阳明说，宁王造反了。

王阳明的手下就说："大人，你得等着，等皇帝下命令让你去打宁王的时候再去。"王阳明说："我怎么能等着？如果我等着，宁王造反成功了，那我们还活不活了？"王阳明的手下就反问他说："可是大人你现在去，没有得到皇帝的诏书，就算把宁王打败了，但到时候皇帝说你怎么没有诏书就敢打我的家里人？最后再把你赐死怎么办？"王阳明却说："此心光明，夫复何求。"

"此心光明"意思是说，心里光明，没有私心，该为国家尽忠的时候就要有所作为。最后，王阳明在没有皇帝命令的情况下，把宁王打败了。虽然后来果真差一点被皇帝赐死，但幸亏朝中有人帮王阳明说了很多好话，他才总算活了下来。但不能否认的是，王阳明的一生就是光明的一生，知行合一，跟着良心做事，不做违心之事。在各种利益和顾虑面前，王阳明能始终遵守原则，真的难能可贵。试问一句，我们的企业家能做到如此吗？

因此我认为，第一，政府更要有大格局，要像王阳明那样坚持做正确的事情，千万不能得过且过、寅吃卯粮。不少地方政府领导上任后，想的都是只要保证5年之内表面繁荣不出事，至于5年后是提拔还是退休就跟他没多大关系了。但我认为，没有大格局就一定会出大事。

第二，对于我们企业家而言，要做有情怀的事情，而不是想着"捞一把是一把"。现在大量的民营企业之所以陷入困境，一方面是受国家宏观政策的影响，另一个很重要的方面就是很多做企业的人做的就是"捞一把是一把"的事情，哪儿赚钱往哪儿冲，哪儿赚钱快往哪儿冲，于是大量的人涌入房地产市场。试问，如果政府短视，企业家又只想着捞钱，国家怎么可能会好起来呢？

第三，要建立互信机制。首先，政府和民间要互相信任。要做到这点其实非常难，因为主导权在政府，不在民间。其次，企业家和员工要互相信任。现在很多企业家和员工并不互相信任，各种劳资关系很紧张。再次，现在很多合伙人之间也不能做到互相信任。相信大家都看过《中国合伙人》这部电影，但现在创业公司因为合伙人之间互相不信任而打架散伙的事情比比皆是。因此，我现在做投资的时候，基本不投几个人合伙的企业。中国合伙人之间打架好像已经成了一种必然现象，而非偶然现象，反而是只有一个创始人的企业更容易成功些。最后，国际社会与中国要互相信任。中国改革开放后有一段时间，国际社会与中国之间确实建立了良好的互信机制，后来好像又出现了问题，但我认为，出现问题不可怕，重要的是我们要去寻找问题的根源，重建国际社会对中国的信任。企业方面，就是要诚信经营；政府方面，就是要遵守国际规矩来布局中国的未来，不管是"一带一路"倡议，还是与美国的关系，都要从互信角度来考虑问题，互相信任才是最重要、最核心的。

第四，现在的中国，人与人之间的猜忌和防范太重，做事情的潜在成本高到了不可估量的地步。在所有行业中，教育培训行业其实已经是相对比较简单的行业了，但我依然有至少1/2的时间花在各种各样的潜在成本上。我相信，很多企业家基本都有这样的感觉：法规不清，契约精神缺乏，社会道德沦丧。前两天新闻曝光出来的社科院经济学博士在高铁上霸占座位的事件，就可能是从小到大没人教育他什么是契约精神、什么是社会道德、什么是遵纪守法的典型个例。如果大家都不守规矩就会出现互相争抢的乱象，就不可能互相信任。如果互信机制不解决，中国的道德规范、契约精神、法规问题不解决，那么中国的潜在成本将会永远存在，中国将永远走不上现代化发展或者超越世界发展的真正轨道。

最后，我认为在再出发的路上我们要做到：与时俱进、洗心革面、高瞻远瞩。与时俱进一方面是指不管是商业思想体系还是商业运营体系，要与世界发展方向同步，不能逆世界潮流而动；另一方面，还要与人民对于幸福生活的向往同步，做真正为人民造福利的事情。关于洗心革面，我记得曾经有一句话是说："任何过去让你成功的特质都可能变成让你失败的原因。"现在我也深深感觉到过去新东方成功的品质，现在也正在成为妨碍新东方发展的因素。因为随着现代科技的发展和现代社会结构的变化，如果还是用过去的方法来解决未来的事情，是不行的，所以"洗心革面"就变成了企业家要探讨的重要话题。关于高瞻远瞩，第一，企业家眼光要远一点；第二做事要"踩着点"，佛教中有一句话叫作"急事慢做"，对于企业家也是一样，不要那么匆忙，一个新政策一出来，有些人就发疯似地追随和投入，再一个政策出来，又可能一下子被泼了盆凉水——钱投进去后却发现企业快倒闭了；第三，资源用到点上，很多创业公司拿到投资后就开始乱用、乱发展，最后等到困难来临的时候才发现手头没钱了，资金链断裂了，最后不得不倒闭清算；第四，也是最重要的一点，企业要活得长一点，只要活得长一点就会有未来。

成功的道路从来都不是笔直的，但是懂得根据地形灵活上升的人，一定能够达到生命的顶峰。而最关键的是，大家一定要有信心，坚信我们会一直向上走。

大健康的逻辑

文 刘积仁　东软集团董事长兼CEO

经历创业的过程，我的第一个感受是什么呢？就是我们自出生第一天起就是为了困难而来的，为了困难而存在、而生存的。回过头看创业走过的这么多年，我们会发现，大概没有哪一天是顺利的，或者说我们所期待的那么好的环境也是根本不存在的，因为外部环境在不断地变化，而这个变化是我们无法控制的。我们最兴奋的是，在过去的几十年间，我们经历了困难、经历了挑战，在困难中变得更加智慧，更知道怎么处理这些问题，更知道怎样完善自己。我想，这个初心可能是我们在今后10年、20年的发展过程中都需要坚持的，因为我们所面对的环境不会比过去更简单，只会越来越复杂。

从再出发的角度来看，其实我们所有的出发都是选择了一个困难，选择了一个挑战。凡是容易的事都是过时的、过剩的。在创业的过程中，我们会发现，只要选择了一个热闹的事，那么基本上就是灾难的事；只要选择了一个别人不认可、备受挑战的事，那么可能就是有机会的事。

今天我就谈谈大健康领域的逻辑。

首先，我们发现，大健康这波热潮让所有人心动。互联网公司把大健康看作入口，地产商把它看作转型，保险公司看到未来的健康保险具有巨大的发展空间，政府则看到大健康是一个产业。

> 从再出发的角度来看，其实我们所有的出发都是选择了一个困难，选择了一个挑战。凡是容易的事都是过时的、过剩的。

　　保险公司，特别是具有智慧的商业保险公司，已经意识到像中国这样一个人口巨大的国家，未来光靠政府的保险是绝没有可能保障中国13亿人口的健康的。在美国各类保险中，占比最大的是健康保险，中国最大的则是财险，这可能是由于我们对财产的热爱远远高于对健康的热爱。但在这一过程中，商业保险公司会发现，如果涉入这个行业，又不进入健康管理、医疗管理行业，就没有办法控制风险，这也是越来越多的保险公司全力进入大健康领域的一个根本原因。因为如果我卖了一个保险，却不能控制保险交付的成本和质量，那么怎么能够控制保险的风险呢？所以，保险跟医疗产生了直接的联系。

　　再看互联网。事实上医疗是最大的内需、最大的需求，每个人从小到大都会有医疗方面的需求，它自然就成为最大的入口。互联网公司做医疗，但用不着完全做医疗，它们在医疗的入口之下可以卖各种各样的食品、旅游等，可以卖所有跟这个入口相关的东西。也就是说，医疗在其中是一个导流的过程。

　　从地产公司方面来看，现在越来越多的地产公司从卖房子转向卖服务，从一个地产的开发商变成一个生活方式的管理者，"最后一公里"

的服务变得十分有价值。在家养老，在家提供医疗服务，到家里进行护理……所有这些都为未来地产商提供了十分有价值的空间。所以为什么现在很多物业公司变得有价值了？因为在"最后一公里"的时候，物业公司正在从保洁、保安变成保健、教育，变成生活方式的管理者。

在政府看来，大健康承载着各种各样的产业。未来还能有哪个产业的需求像大健康这样不满足、不对称，供需之间还有这么大的矛盾？但是当大量的钱涌入这个行业，当所有人都进入这个行业时，我们突然发现，这是一个跟我们想象完全不一样的空间。

医疗根本就不是一个自由的市场。我们可以预测，过去几年中投资的互联网医疗和所有的医疗，可能在未来几年都会从市场上消失，因为大家最开始的想法是，它是自由的。但医疗领域有几个东西不是开放的。第一，医生资源永远是有限的。人们可能会说可以通过互联网拿到优质的医生和医院资源，但大家对医生这个群体了解得可能还不够深入。最好的医生都是没有时间的医生，最好的医生都不是挣小钱的医生，最好的医生都是看不见的医生。医生的资源有限，而且永远有限。因为医生资源从来不跟好和坏相关，而和比例相关，医生群体中的10%被定义为最好的医生，这跟医疗水平与过去比好不好没什么关系。所有人都会说，找医生一定要找最好的、最前几名的医生，但医生资源有限，且是一个定数，就导致我们找最好的医生永远有困难。

第二，费用谁来支付。公立医院收费的70%、80%都来自社会保险，商业保险还很不发达。为什么？因为数据不透明。一个商业保险发达的国家一定是医疗信息充分透明的国家，我国的城市则很少有这方面的基础设施。如果能把看什么病患者花多少钱、哪个医院花多少钱、哪个医生花多少钱等这些信息全部公布给老百姓，让老百姓像选择餐厅一样地有所选择，那么保险公司就可以据此来生产商业产品。但目前我国在这方面需求非常不对称，而且这种不对称在相当一段时间内解决不了，因为好医生都在一级城市。我们改革的时候要强调分诊。当我们要把养老放在家的时候，有一个基本的道理：对生命的爱护和尊重导致了医疗的移动。人们一旦生病就一定要找最好的医生，而绝不会在家门口的医院看病，因为家门口的基础医疗不被信赖。如果不从根本上去解决质量问题，又不降低医疗费用，那么就没有中国医疗改革的成功。

我们也没有看到老百姓一定要去银行总部存钱的吧？也不必到保险公司总部买保险。为什么？因为有一套完全可信赖的机制，使得基层和总部同属一套标准化、流程化、可监控、有责任、可信赖的体系。但目前我国的医疗个体化、艺术化，今天看病得到一个诊断，明天去看就不一样，到这个医院和到那个医院看病的结果也不一样。

当人们都看好大健康，奔赴这个新方向的时候，有几个基本的逻辑是确定的。

第一，医疗领域里没有快钱。如果哪个人认为进入这个领域能迅速挣到钱，那绝对是个错误，他也一定会失望。

第二，在医疗领域里，没有价值创造就绝对没有持续。你可能进入这个领域赚了一些钱，但如果想持续地赚下去，你就一定要为每个人创造价值。

第三，不论这个产业有多大，一定要服务于总体的社会性。也就是说，如果不在一个系统里考虑自己存在的价值，就不会有发展的空间，所以我们认识医疗要从医疗的社会性开始。医疗要有质量、公平、安全、成本、指标的根本保证，无论是民间的医疗还是政府的医疗，脱离了对于这几个社会问题的基本认识，在医疗领域里就绝对没有持续发展的空间。

在医疗中，服务者、支付者，包括市场环境，都是一个大生态。人们今天到医院看病，本质上不是自己掏钱，是你把钱交给了社保，社保与医院谈判制定了一套规则——什么药可以报销、什么病可以看、按照什么规则。社会保险和未来的保险是健康的代理人，是支付的代理人。没有人能要求医生换别的药或者打折，原因就在于患者本身并没有任何力量来控制医疗服务的交付。

支付能力和公平性是未来医疗体系变革的根本动力。现在对很多人说，互联网颠覆医疗，人工智能颠覆医疗，那都是不可能的。要真正颠覆医疗，我们必须认清：第一，谁来支付，谁能

> 支付能力和公平性是未来医疗体系变革的根本动力。

改革医疗；第二，为了公平性所进行的所有变革，是政府的职能，政府要推动医疗不断地变革。现在改革并没有那么简单。大医院越来越强，小医院越来越弱，上大城市看病的人越来越多，而在基层医疗看病的人越来越少。民营医院也还任重道远。

推动大健康未来发展的力量或者机会是什么呢？

首先，医疗机构一定是医疗变革的根本动力。他们是医疗服务的提供者，让干活的人不参与改革，而让看热闹的人参与改革，改革成功永远是不可能的。关于医院的变革，这是一个最重要的问题。

其次，没有强大的基础医疗就永远没有改革的成功。比如，根据前段时间公布的数据，我们发现云南的人均寿命在全国排倒数，那么好的地方为什么人活得不长呢？基础医疗差是根本的问题。大病不出县，让县一级医疗有市一级医疗的水平，这是下一步改革一定要进行的。

另外，医院60%是靠技术，过去的望、闻、问、切现在全部变成设备和传感器了。同样，互联网正在加强大数据融合。

我相信中国未来最有光明和前景的事业是商业健康保险事业。中国需要特别强大的健康保险公司来帮助政府，让商业保险与社会保险互补，使医疗更加和谐。机会是创新与忍耐的回报，我认为这句话说得很准确。在大健康这个领域，不创新就没戏，不忍耐也没戏。

在这个领域，我们需要注意三点。第一，互联网颠覆不了医疗，有了互联网而没有医生，那是不可能的。第二，互联网一定要成为医生和医院的工具。人们看病肯定不会找我们做软件、做IT（Information Technology，信息科技产业）、做互联网的人。看病是一个连续的过程，是一个服务交互的过程，是一个特别个性化、精准的过程，单纯的线上是解决不了问题的。第三，我们认为，人工智能技术只有跟医疗服务融合，才能体现其价值。我们不会只根据一个医疗设备读出的片子就做出诊断，因为背后还有服务及大量其他的信息和数

> 在这个领域，我们需要注意三点。第一，互联网颠覆不了医疗，有了互联网而没有医生，那是不可能的。第二，互联网一定要成为医生和医院的工具。

据，需要据此做出更精确的判断。

现在大部分医疗数据都是"鸡肋"，其真正的价值一定要表现在解决方案上。只有通过各种病才能够看出你的数据有没有用，而不是你有多少数据。一家公司说我们有多少数据、多少片子、能够扫描什么东西，其实这些都只是技术产品，这些技术产品在未来的20年间会渐渐成为公共产品，也就是一个不要钱的产品，是医生的一个辅助工具。未来越来越多的算法会开放、会透明化，很多科学研究会变成社会的公共产品，而最终它们会贡献于我们的医疗事业。

大概没有一个领域能像健康医疗这样，跟经济周期没有多大关系。医院的收入逐年增长，老百姓为医疗花钱，热情高涨、盲目而又浪费。在这样一个领域里，任何一个城市都可能成为一个独立的经济区，因为医疗服务具有特别强烈的区域性，本地区的人看病都以本地区为主。如果还有哪个产业会被边缘化、被冲击，那么医疗是一个最不容易被其他区域冲击很厉害的领域。很遗憾的是，如果统计一下我国城市医保费用的支付情况，我们会发现一般数据是这样的：北京的医保费用肯定都花在北京或者美国和日本了；像南昌这样的城市，我认为至少30%的没有花在本地，而是花在了外地。这就让我们看到，我们本来存在着一种经济和能力，但我们忽略了，而试图去找一些更大的空间、更新的产业。事实上，我们并没有太珍惜手中所拥有的这些资源，这正是对数据财富的忽略和对融合的忽略、对新需求的忽略。

践行数字中国

文 郭为　神州数码控股有限公司董事局主席

　　现在都在讲转型，神州数码从未转型，而是在不断升级。正如"Digital China"（"神州数码"的英文名）的名字一样，从诞生之日起到现在，神州数码18年来就做了一件事情——数字化中国。

　　普华永道思略特的一项调查认为，在当前全球数字化转型过程中，只有10%的企业处于走向成熟的数字化转型阶段，而大部分企业还没有进行数字化转型，甚至很多企业还没有意识到需要进行数字化转型。

主办 ORGANIZER

所以今天，在从传统的经济形态向数字化发展这样一个大的数字化时代背景下，像神州数码这样的企业，任务是非常艰巨的，因为还有大量的企业没有完成数字化转型，而转型将释放巨大的经济动能，这是我们的发展机遇。

最近几年，云和大数据讲得非常多，但是我们从统计数字上来看，2017年全球公有云的规模是1500亿美元左右，预计到2021年整个公有云市场会达到3000亿美元的规模，然而中国企业在整个公有云市场里面所占的比重并不是很高，也就是说，在数字化转型过程中，跨国公司目前走在了前面。

回到20世纪60年代，IBM（International Business Machines Corporation，国际商业机器公司或万国商业机器公司）市值没有多少，微软上市的时候也只有百亿美元左右的规模，但是今天已经是万亿美元市值的企业。在过去50年的过程当中，信息化越来越成为一个泛在化的实践，就是人人都离不开，市场都离不开。那些市值万亿的科技巨头都是从技术初创企业起步的。今天，科技已成为数字经济发展的主导力量。而云作为数字经济时代的基础设施，将会是这个时期最重要的表达方式。

> 今天，科技已成为数字经济发展的主导力量。而云作为数字经济时代的基础设施，将会是这个时期最重要的表达方式。

如何去完成数字化转型呢？我用一个神州数码实践的例子来解释。我们在给一个全球知名的汽车公司做一项服务——智能工位分配。过去每个人都有一张办公桌，但是随着人员流动性的加强，他们希望这个办公工位能够做到可移动，也就是说，我来了之后到这个工位上，所有的电脑、数据等都集中给我，不需要一个固定的工位。如何完成呢？我们做了一个简单的人脸识别技术，通过人脸识别，工作人员一进入这家公司，所有的东西都被自动分配了，从门禁管理到打卡，到人脸识别，到工位调整，到人力资源管理体系。这样一个很小的改变，就能够帮助企业从传统的管理向数字化转型，提升办公效率。

同样是这家企业，我们使用丰富的云端资源，将业务需求转化为可快速实现的AI（Artificial Intelligence，人工智能）需求，实现敏捷开发，深入客户的业务中去。大家可能会说，神州数码怎么会做云呢？微软、阿里、AWS（Amazon Web Services，亚马逊云服务），他们是公有云的提供商，公有云就像今天的电力一样，要把它接入到一个企业，需要对整个云进行优化、管理以及运营，我们所做的工作就是帮助客户去用好公有云和它原有的私有云，将两者结合在一起。其中一个很重要的变化就是，从传统的IT部门的需求转变成了业务部门的需求。

此外，我们还帮助这家企业做汽车金融方案视频审核的检验。买汽车有金融服务和贷款服务，就像银行办卡一样，同样需要人脸识别的技术及后台的服务。同时，目前有两家全球知名的汽车公司要做共享汽车，他们是在一个大品牌下做共享汽车，需要搭建一个共享汽车的平台。现在他们的业务部门提出："我不需要自己去建IT了，能不能通过公有云的方式帮我们构造一个这样的服务？"这些都是在数字化转型的过程中我们面对的新需求和新发展。

在为企业做数字化赋能的过程中有一系列工作要去做，从人工智能到营销、到运营维护、到商业智能等，这些都是企业在数字化转型过程中的需求，这也是今天神州数码向数字化转型企业所提供的服务。因此我们认为，云已经成为数字化经济时代的基础设施，提供强大的数字化能力已经成为企业发展的需要。

过去我们是靠开发一个应用软件来解决企业内部流程化的问题的，而在数字经济时代，数据已经成为一个企业最重要的资源。如何通过数据资源去重新构造自己的产品，已经成为现在非常重要的内容。

今天神州数码实际上就是提供三个方面的内容：产品、服务和方案。转化到一个企业内部的数字化体系架构里面，不管是AI、IOT（Internet Of Things，物联网）、大数据还是云，已经完全在一个数字化转型企业里全面地体现出来了。所以云和大数据是整个数字经济的一个硬币的两面，一方面我们要提供云的服务，另一方面要提供大数据、人工智能的支持，两者缺一不可。

在整个IT产业的发展过程中，我们可以看到，单机时代编一个程序就可以了，在网络时代我们更多地依赖数据库的支撑，而在大数据时代，我们更多地需要在云的环境下来进行开发。对中国来讲，云才刚刚开始，现在的云只是去解决一些存储、计算能力的问题，还没有真正深入到广泛的企业应用开发环境中。为什么我们预测到2021年云市场的规模会达到3000亿美元？因为现在1500亿美元的云服务支持大多得益于美国开发环境的变化，而中国的开发环境正在向这个方向去努力。如何利用开源、如何利用云的环境可能是未来每个企业必须面对的问题，那时IT将不会是独立的部门，而将渗透到所有的业务部门里面去。

当然，我也非常同意"数据某种意义上来讲是一个垃圾"的观点，真正有本事的人是从垃圾中筛选出有应用价值的东西。过去我们讲"弯道超车"，也有人讲"换道超车"，我认为应该是"开道超车"。什么是"开道超车"？我们在一个新时代，和世界先进国家来比，我们必须要为自己开创一条全新的道路。全新道路是什么？就是原始创新。如果没有原始创新，仍然去模仿，我们可能还会犯一些错误，因为模仿本身会有一个"瓶颈"。

> 过去我们讲"弯道超车"，也有人讲"换道超车"，我认为应该是"开道超车"。

数字经济时代技术创新的挑战，首先就是知识图谱的构建。比如医疗，其实医疗数据的价值取决于你对这种疾病的知识图谱的研究。比如我们给复旦儿科设计的云平台，就是利用了过去十余年人类对儿童罕见病所有科学论文的研究成果，背后是剑桥大学肯·杰尼卡这样的科学研究机构的科学论文所形成的知识图谱的应用。利用这样的知识图谱加上今天云的运算能力，再利用海量医疗数据所形成的新的工具来服务我们的医疗，这是我们应用大数据和人工智能所做的事情。数字经济的关键就在于知识创新、算力以及数据源的管理和采集上的重大突破。在这个过程中，我们和北京大学合作研发的燕云大数据采集工具，能够快速打破信息孤岛。过去在佛山要花24个月做500个应用的数据采集，2017年在贵阳只花了不到一个月的时间就完成了数据采集的任务，效能得到了极大的提升。

任何人工智能和大数据必须要有应用的场景。每年"双十一"对仓储物流管理是非常大的挑战，因为高峰时期的业务量是平常时期的100倍，这个量如果用传统的方式是对社会的一种极大破坏。基于这样的问题，我们用"仓+大数据+人工智能"赋能物流行业，采用"人机共舞"的方式来保证峰值时候的效率。我们跟复旦大学儿科医院的合作就是针对儿童罕见病。一些罕见病如果在6岁之前能够发现并治疗的话是可以有所改善的，但如果6岁之前不能够发现，可能终生就是患者。于是我们跟这方面顶尖的知识图谱公司合作，与人类基因组合作，结合我们的经验，给复旦儿科提供帮助。我认为未来的医院不仅有核磁、质子的服务，而且还要有基于大数据的治疗平台，从而基于基因数据赋能医生。这些都是应用云计算、大数据、人工智能等前沿技术在做的事情。

商业数字化和生鲜革命

文 张文中　物美集团创始人、董事长

2018年5月31日，最高人民法院宣告我无罪，虽然这个过程经历了12年，但是依然无比珍贵。的确，我成为一个标志性的人物，我的案子也成为一个标杆案件。其实这件事的意义早已超越了"张文中案"本身，所以大家都说"5·31"是中国民营企业家共同的"5·31"。但我认为最重要的是要活在明天，"心中有春天，人生就充满阳光"。我想做一些对社会、对国家真正有意义的事情，也就是再出发。

物美超市应该是北京乃至华北地区最大的超市。肉蛋菜奶、柴米油盐酱醋茶——这些老百姓每一天生活所必需的东西其实也是我每一天工作的内容。另外，我是学数学的，后来还研究系统工程，其实我一直想做的事就是用技术来改变人类的生活。我从给超市服务的软件系统做POS机（Point Of Sales，销售点情报管理系统），到自己去开超市，大大小小开了一千多家超市，但是数字化的初心，依然是我前进的动力。

> 的确，我成为一个标志性的人物，我的案子也成为一个标杆案件。其实这件事的意义早已超越了"张文中案"本身，所以大家都说"5·31"是中国民营企业家共同的"5·31"。

最近这段时间，生鲜确实特别热。为什么？最核心的就是全面的数字化在推动这件事。以前人们认为生鲜是一个相对比较传统的行业，但是实际上现在生鲜行业竞争的激烈程度不亚于任何行业。我在这里用四点来概括我所要说的内容。第一，这是一个万亿级的市场；第二，全面的数字化推动了生鲜革命，这是正在进行时的事；第三，传统商业连锁企业的出路就在于商业的全面数字化；第四，生鲜革命带来的结果。

生鲜这个领域，现在确实就是万亿市场。据不完全统计，生鲜行业现在的市场规模是1.79万亿。实际上，如果加上快消品，这个市场的规模合计是10万亿。为什么生鲜这么引人重视？首先，大家日常生活都离不开生鲜；其次，这是一个极度高频的商业行为，一周2~3次。所以如果从数据时代讲入口的价值，那么生鲜本身就已经不是卖猪肉、卖鱼和卖菜的问题了。

众所周知，现在互联网巨头在生鲜领域都有巨大的投入，不但在线上提供各种生鲜快消品服务，而且最近两年已经全面进军线下。也就是说，我们网上的巨头已经在线下开店。各种资本支持下的生鲜店、水果店、便利店像雨后春笋般地脱颖而出，我们每天都会看到新的生鲜店，以一种新的方式，以数字化的方式，也可以说是以在资本的支持下不计代价全力推进的方式，在生鲜领域做各种各样的实验。

生鲜行业这种新的变化，为老百姓的生活带来了巨大的方便，也提供了新的机会和体验。同时，这个行业在中国正发生彻底的改变，甚至是颠覆。有人说，连锁超市行业在5年后就会消失，会有一种新的商业形式来替代它。究竟会是什么结果？大家都拭目以待。

要特别强调的是，全面的数字化正在推动生鲜革命，而且在定义这次生鲜革命的具体内容。首先，我认为对于生鲜领域的从业者来说，必须要认识到，移动互联网的革命是一个必然的选择，而且对这个行业已经产生了巨大的影响，今后还会带来更大的变革，必须赶快行动。当然，这种变革对于传统的超市经营者而言，既是挑战也是机会。真正的机会在哪里？就是线上线下的一体化，而且是从线下开始来实现线上线下的一体化。人们也都注意到，线上的红利正在消失，线上企业的增长也必须通过线上线下一体化来实现。当然，最终还是要回归商业本质，高品质、低价格、好服务，但这是在互联网、大数据、人工智能和云计算的强大支持下实

> 真正的机会在哪里？就是线上线下的一体化，而且是从线下开始来实现线上线下的一体化。

现的。

我认为商业的全面数字化至少有四个非常重要的内容。

第一，彻底打通端对端。无论是B2C（Business-to-Customer，商对客）还是C2B（Customer to Business，消费者到企业），实际上都是利用互联网这种最新的创新工具，把过去连接消费者、商场和生产者这样一件很复杂的事情，变得非常简单、高效率和低成本。

第二，商业全面数字化可以覆盖从生产到批发、到零售端的所有环节。现在各级政府对这一点也都非常清楚，比如，"北上广深"针对批发市场环节都提出了要实现全面的数字化。那么这种全面的数字化会形成一个完整统一的链条，使流通的效率达到最高。

第三，使线上线下的会员、商品、供应链、促销和价格、库存、运营和支付彻底一体化。线上线下彻底一体化是比较难的，因为从线上到线下其实是一种转变和挑战，从线下到线上更是一个巨大挑战。比如，线下企业为了实现向线上的转变，往往采取的措施就是照抄电商的办法，自己也建立一个大网站，最典型的是大润发的飞牛网，但实际上最终并没有解决问题，而大润发现已经成为阿里的一个组成部分。

第四，我们要达到的目标，就是要真正做到流程最优、成本最低、效率最高、速度最快、模式最佳、简洁开放，真正能够包容一体化的一个新的生态体系。也就是说，连锁企业的出路在于商业的全面数字化，真正的创新才能够引领连锁企业走出这个困境，真正通过拥抱互联网实现一个新的历史性转变。

> 连锁企业的出路在于商业的全面数字化，真正的创新才能够引领连锁企业走出这个困境，真正通过拥抱互联网实现一个新的历史性的转变。

在这里，我简单介绍一下我们的实践。最近"多点"异军突起，实际上这是一个成立才3年的企业。它的思路就是针对超市行业的特征，以分布式电商的思路，引领一个超市作为流量聚集的入口，和众多超市合作，真正共享资源，真正以云端的SAAS（Software-as-a-Service，软件即服务）支持，打通线上线下，实现彻底的一体化，最终也实现在消费端的真正一体化。

虽然只是短短的3年时间，多点已经有物美、人人乐、步步高、武汉中百等30多家大型百强连锁企业用户，消费者已经突破5000万，月活也已突破了800万。多点在用户、收银支付、店铺商圈、商品、供应链等方面实现了巨大的突破。

生鲜革命的结果是什么？就是让消费者更放心、更新鲜和更方便。大家设想一下，今后几亿的消费者在一个新的线上线下一体化的环境下，无论去店里还是在家里选购，无论以什么样的方式来实现消费行为都很方便、都能直达生产者的时候，这是一个什么样的场景？全程可追溯就完全是一种自然的选择。另外，除对消费者之外，更重要的是对于流通企业、生产企业和物流企业，在效率上会有一个根本性的提升和改变，这样才能使生鲜革命和全面的数字化融合，真正成为一个一体化的事情，从而真正改变我们的生活。

创业家，冬天的孩子

文 牛文文　创业黑马董事长

我很早以前说过："创业家是冬天的孩子。"现在无疑是经济的"冬天"，但是实际上，很多伟大的公司都是诞生在"冬天"。当然，创业者也有可能生在"春天"，就像当年的"92派"企业家，只是，我们都会经历"冬天"，而且我们要经历不止一个"冬天"才能走向成熟。

我自己发明了一个"创业指数"，把每年中国新增的劳动人口当作分母，把每年新创业的人当成分子，如果这个指数每年都在增长，中国经济就不会有问题。我认为，它比CPI（Consumer Price Index，居民消费价格指数）和GDP都更能反映一个国家内在的发展动力。这是一个动力指数。如果没有人敢创业，如果创业的人没有机会成功，那么社会就会像40年前一样没什么活力。

我本人是从《中国企业家》杂志走到了《创业家》杂志，10年前我还是一个追星族，天天写封面，把陈东升、田源这些企业家写进去，追逐、传播企业家身上的那种精神。2008年，我创办了《创业家》杂志，我想知道年轻人创业有没有机会，他们是什么样子。我把公司定义为"发现并培养下一代商业领袖和明星"，致力于让年青一代传承企业家精神。

我们2008年创刊的时候，很多企业家给我们题词。其中柳传志写的是："创业家的前面永远是千难万险，他要做的事永远是披荆斩棘，所以

> 其中柳传志写的是："创业家的前面永远是千难万险，他要做的事永远是披荆斩棘，所以创业家永远会得到社会的尊重。"我认为，这是对创业精神的定义。

创业家永远会得到社会的尊重。"我认为，这是对创业精神的定义。

我还想说另外一位企业家，大家也都很熟悉，就是陈东升。2010年，他来参加我们的年会，鼓励我们说：创业就像当年的革命洪流，浩浩荡荡，有掉队的、有叛变的、有牺牲的，也有坐牢的，但谁也不能阻挡这一场革命的洪流。这话今天听起来依然惊心动魄。的确，创业犹如革命，如果说当年的中国社会主要是革命的问题，那么现在则是创业的问题。

那么，现在的年轻人、现在的创业者，是否继承、发扬了这种精神呢？创业黑马做了10年，总共培养了1万多位创业者，目前有60多家企业上市了，2017年一年就有5家企业上市。创业黑马已经变成一个帮助创业者的平台，每年在这个平台上有100多亿元人民币投入。

我们在新一代创业家身上可以找到很多闪光点，诸如他们对产业的洞察、对资本的认知（他们敢花大钱、敢烧大钱）、对供给侧资源的挖掘及对管理边界的突破等。

但是，我们一直认为，如果回归到本质，还是一样的。互联网创业的过度金融化，让很多创业者认为可以脱离地球引力，可以不跟一个具体的产业结合而飘在天上。无论是出行还是住房租赁，无论你有多么高的金融化和互联网化，当你打破行业规律的时候，就会出问题。所以，我们主张深耕产业，主张一个创业者既要会互联网思维，也要深刻理解产业，既会赚钱也会融资。用我们的话说，就是重度垂直在先，深耕产业，天地融合。

创业不只是光荣和梦想，更多的是痛苦和焦虑。一个创业者，实际是在承担终身的无限责任，甚至是连带责任。很多企业家为什么跳楼？是因为这个责任，对股东、对员工、对用户和对社会的责任，只能用生命作代价。

我们黑马大概有一万多人。如果一个黑马雇佣三四百人，那么就创造了三四百万个工作机会。如果大家都缺乏责任，坚持不下去，那么就会带来很大的就业问题。中国的创业者和企业家是社会的脊梁，必须坚持到底。

这也是我们创业黑马一以贯之的价值观。10年来，我们请企业家来帮助创业者，请投资人来帮助创业者，我们照企业家的样子把创业者找出来、推出去、配上成长资源。现在我们平台上有500多位企业家、投资人、专家和学者向创业者传输商业智慧，同时投资他们，带给他们资源。最重要的是企业家们在这里寻找代表未来的"火种"，如果企业家精神的传承断了，那么一切都会成为空中楼阁。

最后，我呼吁更多的企业家、投资人以及我们的政府机构、高新园区同我们创业黑马、黑马学院一起，共同寻找、传承和发扬中国的企业家精神。只要年轻人有机会创业，并且创业了有机会成功，中国就能继续繁荣昌盛。

中国企业要迎难而上

郑跃文　全国政协常委、全国工商联副主席
科瑞集团有限公司董事局主席

2018年是中国改革开放40周年，总结过往才能指引未来。回顾中国40年的发展历史，是什么成就了今天？40年后的今天我们遇到了很多困难，我们能否战胜这些困难？

改革开放之初为什么决定改革？是因为中国的经济已接近崩溃的边缘。40年以后，我们吃穿不愁，但是我们企业的发展，特别是这几年的发展，出现了一些困难。因此，我们需要找回40年前改革开放的初心，摆正心态，来应对当前的问题。

中国能走到今天，我们靠的是四个字：改革开放。改革开放之后，中国出现了市场经济，同时出现了许许多多的民营企业。国家允许我们每一个人为自己的企业发展去努力，每一个人都开始解决自己企业的问题，有人提出"多给一点市场机会，少一点别人的关心"，我认为关心还是需要的，但是应该把资源配置的权力更多地交给市场，更多地交给企业。在每一次我们感受到没有把资源交给市场的时候，我们的经济就会出很多问题，发展也会随之出现很多问题。所以，大胆地放手去干，都会取得很大的成绩。

中国走出去后发现自己很受欢迎，中国逐渐被世界认同，中国人也慢慢与世界融合。我们

> 在每一次我们感受到没有把资源交给市场的时候，我们的经济就会出很多问题，发展也会随之出现很多问题。所以，大胆地放手去干，都会取得很大的成绩。

过去也害怕有企业将我们的产品卖给外国人，所以我们需要专营的外贸公司。但现在来看，正是由于我们放开手，让企业自主地和海外做生意，所以中国成为世界第一大贸易国和第一大制造国。

现在中国资本开始走出去。中国资本走出去的这些年来，我们每年的对外投资增长在20％以上。我们非金融类投资金额超过了1000亿美元。2016年，中国对外投资呈井喷式增长，2016年上半年对外投资就超过了1000亿美元，全年投资超过1600亿美元，民营企业在对外投资的份额中占了60％以上。

现在中国正处于经济发展的十字路口，世界的经验告诉我们，各国发展到了一定阶段，可能都会出现一个痛苦的十字路口。在这个痛苦的十字路口，我们一定会遇上来自国际的打压，同时我们自身也会进行内部的调整。中国走了这么多年社会主义市场经济的道路，如今我们更应该深化改革，应该在各种层面上由市场来配置资源，政府应该给企业创造更好的条件。只有这样，中国的经济才能得到更好的发展。

中国企业家应该抱着坚定的理想信念，脚踏实地推动企业发展。

主办 ORGANIZER

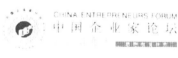

做时光里的守望者

从年轻到成熟的成长路上总会出现种种故事，焦虑、迷茫总会伴随着年轻的我们。每个人的青春都有属于自己的难忘点滴，有的感谢拥有，有的难言放弃。回首过去，如果可以作为自己时光里的守望者，你会如何面对当年十字路口的扶择？你会对当年的自己怎么说？你还会做相同的扶择吗？

在 2018 年亚布力论坛夏季高峰会上，万科集团创始人兼董事会名誉主席、万科公益基金会理事长王石，远大集团董事长兼 CEO 张跃就"青春合伙人"这一话题，分享了他们 20 年来相识相知的故事。随后，亚布力论坛理事长，泰康保险集团股份有限公司创始人、董事长兼 CEO 陈东升，信中利美国创投公司创始合伙人王维嘉，创合汇创始人、上海交大 SIPA 经管中心主任邵钧，Cislumi Ventures LLC 创始人兼 CEO 张钰，青春合伙人陈婷、胡钺等嘉宾也分别就当今年轻人所面临的问题进行了讨论。北京媛创文化传媒有限公司 CEO、《超级演说家》第二季冠军刘媛媛主持了该场论坛。

刘媛媛：大家好，我是刘媛媛，是《超级演说家》第二季的全国冠军。但是我今天特别不好意思提的就是"演说家"这三个字，因为我发现在座的各位不仅是演说家，更是实干家。首先有请王石先生和张跃先生进行对话。

王石：我想说说我对"青春合伙人"这几个字的理解。首先是"青春"，我也曾经青春过，当然现在不青春了。张跃可能曾经青春过，现在

也依然青春。然后是"合伙人"，我和张跃认识20多年了，从那个时候开始就想着要合伙。我们俩只要碰到一块儿就开始"吵架"，可以说差不多吵了整整20年，一直吵到2017年我从万科退休，张跃说，"别吵了，你到我这儿来当联席董事长吧！"就这样我们俩才正式成为了合伙人。

张跃：这么多年来我一直在想，远大应该有一个什么样的领导人？一直以来我给自己的定位都是一个发明家，干别的都算作是业余。只不过是实在没有办法的情况下才自己去干，面试员工、谈话、考核，甚至见客户、营销，我都在干，但这些工作我认为我干得都不好。只有研发这一项我干得好，因为我从小就是一个不守规矩的人，不喜欢按规矩办事。我觉得我很难把规矩建立起来，把管理秩序建立起来。我从小画画儿很好，那时候一选班长就选我，可我从来都不当。我一直认为自己不是一个可以跟很多人合作的人，我始终是一个单干的人。

得知王石要从万科退休以后，我就天天给他打电话，希望他能够来远大。以前远大是没有一个好的领导人的，我不愿意在经营管理上花时间，因此经营管理就肯定搞不好。如果我愿意在管理上多花时间，远大肯定比现在要大得多，但我的这种个性导致远大始终没有发展到特别大的规模。

现在王石来了，我想远大快速发展的日子就到了。

我也知道用什么东西吸引王石来远大。我常说"知行合一"，远大所想的东西和我们做的东西都是完全一样的。我们知道世界上缺什么、最需要什么，尤其是我们这个时代最需要什么，我们就按照这些去做。王石也看到我们这些特质，这也正是他特别在意的，所以最后他就来了。

王石：他的话你们相信吗？我是不大相信的。首先我要声明的是，不是他找我，是我找的他。加盟远大这么多年，远大城我去过不下七八次，但张跃只去过我的公司一次。很明显，我找他比他找我要多得多。我找他做什么呢？因为万科是购买者、是用户。而且万科是一个很特别的用户，会要求有些地方要按照万科的想法来改，可张跃先生就是不改，两个人就吵。

张跃：确实是这样的。现在我不跟他吵了，绝对服从领导。我跟公司里面大大小小各个级别的员工都说，如果我们两个人有意见分歧，就以王石的意见为准。

王石：你们相信吗？张跃带领了三十多年的团队也相信吗？远大有没有"精神领袖"呢？有。谁呢？张跃。怎么可能是我当这个"精神领袖"呢？不可能的。

再举个例子，我第一次参加远大中层以上团队见面会的时候，有一个女干部提问说："请问主席，到我们远大来，你准备带过来一个什么样的团队？"我回答她："我一个人都不带。除了我之外，不带一个人。"但是张跃就说，你得带团队，中层干部都做好了你带团队过来的准备了。现在一年过去了，我还是没有从外面带一个人进来。

张跃：这是我们争论最多的地方。我始终认为现有的团队不是干大事的料，所以要有较大的改变，一定要从外面引进人才。

王石：我说你要相信你的团队，张跃笑眯眯地回了一句："我相信你。"我说："我相信你的团队，你既然相信我，你就应该相信你的团队。"他说："我不相信他们，我相信你。"我们之间现在还在这样吵架。

我的逻辑很简单，远大是一个创建了30年的品牌公司，它有自己的

"精神领袖"，有成熟的市场、产品和队伍。我来远大也正是冲着这些来的。张跃能不能讲一讲，你究竟在担心什么？

张跃：我不担心什么。说实话，我对"青春合伙人"这个说法是很认可的，为什么呢？我和王石之间百无禁忌，不论在餐桌上、办公室，还是在有下属在的场合，我们都没有一丝的隐藏。他每一次来远大城，晚上基本上都在我家吃饭。这一点很符合"青春合伙人"的内涵，也是过去20年我们一直保持友好关系的根本。我在公司管理上也是百无禁忌、直截了当。王石也是这种性格的人，所以我们两个人一起工作会变得很简单。一切东西都是透明的、简简单单的，没有任何一丝一毫的藏着掖着。

王石：说到在张跃家吃饭这个问题，确实我只要在远大城工作，晚上基本上就在他家吃饭。原来觉得挺好的，一边吃饭一边谈工作，效率很高。后来才发现张跃其实是别有目的的。有一次我去他家吃晚饭，张跃说："你到厨房来一趟。"我想让我去厨房干什么？到那儿一看，服务员把各种菜都配好了，张跃就开始自己动手炒菜。炒菜勺那么一颠，火就冒出来了，像变魔术一样。原来张跃还是个大厨！而且他最得意的就是，请人到家里吃饭，让人看他的炒菜表演。

张跃：我会让所有到我们家吃饭的人都到厨房看一看，主要是想让他们看一看我们家的食材。我家的食材都是自己农场生产的有机食物、天然食物。

我跟王石在兴趣上有一些不同，他的兴趣是挑战极限，而我的兴趣是慢生活。我会自己进厨房做一两个菜，然后慢慢吃，吃上两个小时。这就是我的生活习惯。其他时间很紧张，但晚餐会吃得很慢。王石的生活很有规律，一日三餐很均匀，早晨起早，晚上睡早觉。我的性格跟他很不一样。

王石：最后，我不妨再透露点张跃的家庭生活。张跃不管到哪里出差都带着他的太太。我对他太太印象很深刻，原因之一就是她对我和张跃的关系非常敏感。有一次他太太问张跃："你最近和主席是不是闹矛盾？"事实上，在那不久前我确实跟张跃拍过桌子。

不过话说回来，为什么曾经青春的两个老男人现在还能这样子相处？

我想这就叫作男人的友情。我们之间互相欣赏、互相支持、互相批评、互相帮助、互相不服气，还互相嫉妒。正是因为这样，我们两个人才能走到一起去。亚布力论坛能让企业家聚在一起，也是因为同样的原因。在这个企业家的大家庭里，我们互相信任、互相支持，看到对方的缺点，同时也看到对方的优点，共享一个远大的理想，最终才能走到一起，成为"青春合伙人"。

刘媛媛：谢谢两位前辈的分享。刚刚我特别敬佩的两位企业家在台上分享了他们之间吵吵闹闹的故事，王石先生也把这总结为"青春合伙人"的特征。在接下来的圆桌对话环节。我们的嘉宾跨越了多个年龄层，所以我想请各个年龄段的嘉宾用几个词简单地说一下，在现在自己所处的年龄段最大的感受是什么？我们先从最年轻的小朋友开始。

陈婷：大家好，我是陈婷，来自天津中药大学。如果让我总结一下现在的状态，我想用三个词语来形容。

第一个关键词是希望。就像田源主席所说的那样，年轻人最大的资本就是时间，我们还有三四十年的时间，我们还有无限的希望。

第二个关键词是探索。这个也和我们的时代有着很大的关联。就像我父母那一辈的，他们首先要考虑的可能是一家人的生计，很难纯粹为了自己的追求而奋斗，而我想要的是找寻自己真正热爱的事情。

第三个关键词是迷茫。因为我从小所接受的教育就是别人走我也走，别人跑我也跟着跑，在高考面前我能够留给自己的空间十分有限。我本以为我上大学之后可以去接触很多东西，可后来发现即使上了大学，我依然还有很多学习压力。在这样的情况下，迷茫的情绪就不可避免地会出现了。

张钰：第一个词，我想说感恩。5年前我27岁那年，我和在座的大学生朋友们一样是亚布力年会的一名志愿者。感谢亚布力论坛给予我的滋养，在企业家精神的鼓舞下，我才有了今天的成长。所以第一个词是感恩，谢谢亚布力。

第二个词是敬畏。在我们的成长过程中，会面临越来越多的离别，大学毕业各奔东西，相恋多年的恋人可能分手，甚至是亲人的离世。两年前我父亲因为肺癌离开这个世界，在弥留之际，他对这个世界充满了无限的眷恋，这次经历让我对于生命、环境和我们所处的这个时代都产生了一种敬畏感。人们说让你成长的不是岁月，而是经历，所以"80后"的我献给亚布力的两个词是感恩和敬畏。

邵钧：对于我来说，这三个词是积累、学习和转型。我从事工商管理教育工作，在过去的十几年中积累了一些教学经验。2015年，我走出国门参观了斯坦福大学等很多学校，获得了一些启发。我决定实现一个转型。因为我看到了一个趋势，当前工商管理教育的重点会从企业管理向企业家精神转型。所以我当时就有了一个想法：希望能够打造一个帮助校友创新创业的平台。这个平台就是创合汇。

我在北大的博士论文也是谈企业家精神，论文导师是张维迎老师。有这样的前辈学者给我指导，我感到非常幸运。同时，我结合自己的观察和实践写了一篇文章，被收录在2015年的《管理蓝皮书》中，主题就是"中国MBA教育发展趋势的展望"。我很认同许多企业家所提到的，即创新是企业家精神最核心的特质。

王维嘉：我想第一个是简单，第二个是从容。

陈东升：我也有两个词——初心、传承。不管是政治家、理论家还是企业家，所有的原创的动力都来自于他青春时代的梦想，这就是我们所说的初心。但是到了我们这个年龄了，我们终将会被历史终结，所以传承是我们最担忧的事。

> 不管是政治家、理论家还是企业家，所有的原创的动力都来自于他青春时代的梦想，这就是我们所说的初心。

初心和传承还有另外一层含义。中国改革开放40年，20世纪80年代是改革的年代，20世纪90年代是中国企业家精神崛起的年代，21世纪初的10年是中国融入世界经济、融入国际的高速增长的时代。现在的这个10年，是中国基本完成工业化向后工业化、向服务业转型的时代。在这40年当中，20世纪90年代是中国企业家群体形成、崛起和发展的10年，而今天，民营企业已成为中国社会的主体和主流。这种精神的传承是很重要的。有些年轻人不知道中国这几十年是怎么走过来的，特别是20世纪80年

代，很多推动中国改革的重要历史和人物，年轻人都不知道。这就需要我们去传承。

刘媛媛：刚刚五位嘉宾的总结，就好像一个人的一生一样。20多岁的人生关键词是希望、探索和迷茫，30多岁的时候就是学习、感恩和敬畏。到了年纪再大一些的时候，就是简单、从容和初心，希望有所传承。现在有一种观点认为，80后、90后和00后是一群没有责任感的人，甚至有人说这是"道德沦丧"的一代，对于这样的观点各位同意吗？各位年轻的时候有过焦虑和惶恐吗？

王维嘉：我坚决不同意。虽然每一代人成长的环境不一样，都有自己的不同之处，但无论如何，那样的观点我肯定是不同意的。

陈东升：我很赞成王维嘉的观点。一直以来我都有两个很重要的观点，一个就是我们老前辈的古语，"儿孙自有儿孙福"，我们操什么心？我才不操我儿子的心，也不操我孙子的心。第二句话很重要，是"一代人完成一代人的使命"。我们完成我们的使命，下一代人有下一代人的使命，为什么刚才我说我的两个词是初心和传承？传承是很重要的，没有传承就没有未来，我们这个拥有五千年历史文明的国家就是一代一代传承下来的。没有传承，忘记过去就意味着背叛。

所以我从来都是坚定地相信我们的古语，"长江后浪推前浪，一浪更比一浪高。"

王维嘉：刚刚刘媛媛问到我们年轻的时候有没有恐慌，其实我们这一代还是非常幸运的，我们生长在20世纪70年代末80年代初，中国开始改革开放，当时全国都充满着希望。我觉得当时的年轻人肯定没有恐慌和迷茫，他们每天处于非常兴奋的状态。这是和今天这一代人不一样的地方。中国改革开放40年走到今天，到了一个十字路口，大家不知道前面该怎么走了。不止是你们迷茫，我们也迷茫，所以我觉得这种迷茫不是你们这一代独有的。

另一方面来看，我们当时能想象到的最好的生活，可能比你们今天能够想象的最差的生活还要差，因为我们当时根本连饭都吃不饱。但是为什么我们有信心呢？因为我们是在往上走，我们相信未来会变得更好。今天的你们站在一个比较高的位置上，如果未来比今天差，你肯定会恐慌。

至于年轻人对于自己未来不确定性的迷茫，我觉得每一代都是一样的。我当时也不知道我毕业以后会干什么。特别是在上学或者刚刚毕业的

时候，未来的职业、未来社会的走向都不在你的掌控之中，这种迷茫和惶惑肯定是有的。

刘媛媛：年轻人现在存在一些负面的情绪，各位对他们有什么建议？能不能告诉年轻人他们的机会在哪里？

王维嘉：现在很多年轻人问："我什么时候才能实现财务自由？"我们以前从来没想过实现财务自由。

第一，在任何一个社会，包括今天最发达的美国、瑞士，实现财务自由的人绝对是少数。在一个社会里可能只有1%、2%的人能够实现财务自由，绝大多数人都是一生要工作的。所以如果你觉得40岁之前不能实现财务自由就开始恐慌，那只能说这种恐慌毫无道理，因为这本身就是一个错误的目标。

第二，我相信在一个正常的社会里，只要认真做人、认真工作，你的基本生活应该是不需要去担忧的，你应该是可以过上一种体面的生活的。今天在座的志愿者都是大学生，我觉得你们最应该想的是如何把眼前的事情做好。如果是学习，就把学习搞好；如果是工作，就把工作做好。我觉得这个比你去想着"40岁之前如果不能实现财务自由怎么办"重要得多。每天为这件事恐慌是非常不值得的，也没什么用。

刘媛媛：王维嘉先生讲了一个很残酷但是又很真实的道理，即不是所有的年轻人最后都能实现自己的梦想，当中可能只有一小部分人能够成为自己想要的样子，所以我们每个人都得拿出自己全部的力气去拼才可以。我想再问一个问题，许多年轻人也曾经在上大学的时候觉得未来充满了希望，可当他们毕业之后就会发现，努力了好几年，很累，累得又没有意义。为什么拼尽全力却没有实现梦想？你们怎么看待这个问题？

陈东升：我常常问别人一个问题：你是要做一个大公司的高级白领，还是做一个辛苦的小老板？今天这个社会就是这样，创业成功的是少数，成为像马云、马化腾那样的企业家更是少数。还有一条路就是在大公司里奋斗，逐步成为中层，成为高管，这其实也可以。

还有，人的愿望是没有止境的。我大学毕业时被分配到对外经济贸易部工作，在20世纪80年代初，那是一份特别好的工作，所有人都羡慕我。

我那时候看到我们处长有一个三居室的房子，有电话，我觉得我的理想就是能够像他那样。我在年轻的时候读《红旗》杂志、《人民日报》，读后特别激动，想着哪天要是能够像他们一样在《红旗》杂志上写文章就好了。我28岁的时候在《红旗》杂志发表了文章，梦想实现了，那种满足感很快也就过去了。起初我觉得像我的处长一样有一个三居室，有一个电话就能够满足，后来我又改了，我觉得要有一百万人民币，能够周游世界才能满足。

人的欲望是会不断增长的，所以究竟什么才能称得上财务自由？我今天财务超级自由，但我真的自由吗？很多人不理解，像我这样的人能够随便说话吗？我随便说话是不负责任的。我有5000万个客户，他们选择把钱交给我，那就是5000万人认同我，我身上的责任有多大？我还有80万名员工，我能够胡说八道吗？不能。人生真的是永远在爬梯，永远在搭舞台，舞台越大，你的责任就越大。你说我永远自由了吗？

刘媛媛：我最后想问一个问题，大家在毕业之后选择现在的事业，当时是如何做出这个选择的？您选择一个什么行业，选择创业或者就业，自己的标准是什么？

张钰：我从小有个梦想，就是做一名化学家。我上初中的时候父母为我在卧室里布置了一个小型的化学实验室，儿时那些烧杯、试管、酒精灯就是我最好的伙伴儿，那块巴掌大的实验台就是我的游乐场，因为喜欢，后来我获得了全国奥林匹克化学竞赛一等奖。我以为我会在这条路一直走下去，但是大学选专业的时候我听从了父母的建议，选择了好就业的金融学。在大学里我也很迷茫，内心并不是真正喜欢金融，就这样跟跟跄跄地读完研究生，回到家乡在银行过起了朝九晚五、按部就班的生活。那时我很迷茫，我觉得青春的生命是不是应该绽放一次？所以我迎来了生命中的一次转折点，2013年，27岁的我成为亚布力论坛的一名志愿者。我绝对是在场所有志愿者里最资深的。

我在亚布力感受到的是亚布力精神，比这个更重要的是，我看到了企业家身上顽强的生命力、承受风险的能力和极强的学习力。所以志愿者之行结束，回到家以后，我就开始拼命地学习，两年内拿下了银行、证券、期货、基金所有的证书，成为一名金融管理师。在这个时候，我重新审视自己的初心，我为什么那么喜欢化学？我发现原因有两个：第一，我通过化学来满足对这个世界无限的好奇；第二，我期待通过化学来创造新的事物，让世界变得更美好。终于，我在我的专业和初心之间找到了一个结合点，那就是投资，投资那些具有创造性、让世界更美好的项目。同时，我自己在这个过程中也极大地满足了好奇心。2016年，我创办了Cislumi Ventures LLC风险投资公司，也很荣幸地成为亚布力论坛的合

作伙伴。其实今天我在这里看到青春合伙人，你们这么年轻，比当年那个弱小、迷茫的我优秀很多，看到你们，我就看到了希望。我对未来充满了期待。

刘媛媛：今天我们确实年轻，但年轻不是什么资本，年轻只是意味着我们从零开始，我们刚刚起步。所以我们不知道未来是有希望还是有更多的困难或者失败，但是无所谓，全力去拼就好了。谢谢各位。

02

转型与开放

· ·

中国转型内外都有挑战，取决于我们怎么做，如果我们的应对是正确的，这就不是危机，危就会转为机；如果没有应对，或者应对不正确，就会产生问题。我觉得以中国领导人的智慧，以我们企业家的精神和智慧是可以应对得很好的。

财政政策如何更积极

2018年7月23日，国务院常务会议做出重要指示，要求保持宏观政策稳定，财政政策要更有效地服务实体经济，更有力地服务宏观大局，积极财政政策要更加积极。那么，究竟该如何理解"积极财政政策要更加积极"？什么是积极的财政政策？具体体现在哪些方面？为什么要继续实行积极的财政政策？

在2018年亚布力论坛夏季高峰会上，著名财经专家、财政部财政科学研究所原所长贾康详细解读了积极的财政政策。《第一财经日报》副总编辑杨燕青主持了本场论坛。

杨燕青：今年是改革开放40周年，亚布力论坛夏峰会的主题是"初心与再出发"，这是一个非常好的主题。在过去40年中，中国经济取得了令人瞩目的成就，大家普遍认为其中一个原因是地方政府之间的竞争和有所作为推动了中国经济的快速增长；另一个则是中国以比较好的方式融入了全球化进程，成长为全球最重要的制造业大国。

同样，在过去的40年里世界也在快速变化。我们都知道，2008—2009年发生了一场全球性的经济危机，中国随后提出"4万亿救市计划"来刺激市场，这让中国经济踏上了一条新的征途。

如今，中国经济面临着较大的挑战，这个挑战一是由于在"4万亿救市计划"下，经济和金融的关系发生了改变，让中国经济出现了非常高的杠杆；二是中国因快速发展引起了世界的担忧，面临全球贸易保护主义、中美贸易摩擦，世界和中国的关系正发生着本质的改变。

从中等收入国家到高等收入国家，中国面临的挑战会变得更大。所以，在这样的大背景下来审视我们未来的发展，显得任重而道远。正因如此，中国的宏观经济政策也变得越来越重要。宏观经济政策主要是财政政策和货币政策，而结构改革和财政货币则是最主要的两部分内容。2018年7月，中国政策界和学界发生了一场非常有意思的争论，国务院常务会议也第一次提出"财政政策要更加积极"。所以，我们今天要讨论的是：财政政策如何才能更加积极，以应对当前中国所面临的重大挑战？

如果要讲财政政策，贾康老师是当仁不让的权威。首先，他对财政和经济政策领域都非常熟悉，对宏观经济领域也有深入的研究，同时又是一个非常好的政策制定者。其次，贾康老师有非常独立的学术精神，而且很有情怀。更重要的是，他是一个性情耿直、敢说真话的人，这个和他独立的情怀和精神是相关的。

下面我们以热烈的掌声有请贾康老师来为我们作主题分享。

贾康："积极的财政政策"的经济学解释就是：扩张性而着力发挥其功能的财政政策。积极的财政政策从经济学的角度来说，首先是带有扩张性的。而除了扩张之外，要特别强调财政政策有它自己不可替代的功能，要把它的功能发挥好。

从2010年两位数高速增长的状态以来，中国经济一路寻求软着陆，基本上呈L型趋势。从2015年下半年到现在，中国的宏观经济运行在6.7%~6.9%这个很窄的区间内波动，大写的L形，尾巴已经拉出来。

但由于外部的不利因素，2018年下半年和未来一段时间内经济会往下走。大家对于这样的新形势有所疑虑或者心生恐惧，经济已遭遇了不确定性和新的下行压力，就必须按照宏观调控所说的"相机抉择"做出政策调整。中国货币政策在2018年年初还在讲稳健、中性，现在就变成了稳健概念之下"松紧适度"，主要就是怎么松的问题。货币政策已经几次出手，要定向宽松，但总结起来，既有向农业方面的宽松，又有向中小微方面的宽松，最近还有向大企业、成规模企业的宽松。所以货币政策已经带有全面宽松的特征了。这时，财政政策要在货币政策松紧适度的情况下，怎样掌握好更加积极的问题？

新的宏观政策是具有可行性的。货币当局存在适度"松"的操作空间，如准备金率、利率、公开市场操作。财政政策要配合货币政策来实施总量扩张，那么在它扩张度加码的操作空间中一定会涉及提高赤字率，"不提高赤字率的积极财政政策是耍流氓"。但是实际生活中有没有可能走财政正规的程序做预算调整方案，提高赤字率，加大债务年度发行规模？我现在看不到这方面的迹象。严肃地讲，财政是必须走预算程序来提高赤字率、加大发债规模的。

积极的财政政策一个非常重要的定义就是优化结构。优化结构应该被纳入当前中国所讨论的"财政政策更加积极"的视角，而且要特别加以强调，因为这个视角正好紧密结合着构建现代化经济体系中供给侧结构性改革的主线。结构的优化要区别对待。

当下更要解决的是适当松的问题，而适当松的同时如何处理好结构优化的问题，这是财政一定要"唱主角"的问题。更加积极的财政政策一

> 优化结构应该被纳入当前中国所讨论的"财政政策更加积极"的视角，而且要特别加以强调，因为这个视角正好紧密结合着构建现代化经济体系中供给侧结构性改革的主线。

定要体现在结构优化方面，要利用现在财政政策内在的功能，在结构优化方面有所作为。不能否认必要的时候我们要提高赤字率，提高在发债方面的力度。但是结合赤字率的提高和更多地发债把资金筹集、运用起来的时候，要怎样合理地区别对待，怎样补短板，怎样通过结构优化支撑中国的高质量发展，支撑中国在升级版轨道上的发展？

从宏观视角来看，面对全局，由财政政策更积极地去推进结构优化，是财政部门无可替代、义不容辞的职责。

财政政策如何更加积极？具体体现在以下几个方面。

第一，赤字安排。我们可以讨论2019年是否可以经过法定的预算程序，适当提高中国的赤字率。2018年官方报的数据是2.6%，2016年和2017年曾经报3%，2019年至少可以先将赤字率提高到3%。把3%作为一个预警线。将赤字率提高到3%，不会有大风险。世界经济危机发生后，欧盟成员国也没有守住3%的预警线，实践证明，适当超出一些不会出现特别大的问题。我们现在只是设想，有必要的话可以提高到3%，后续年度再提高一点，我觉得也不会有太大的风险，但是一定要审慎考虑。

第二，举债安排。和赤字率提高相关的还有中国的国债和公债（包括地方债），我们要结合在一起做各个年度的通盘考虑，以掌握好各个年度的举债规模。举债规模跟赤字率的提高是呈正相关的。如果我们适当提高赤字率，未来几年还本的压力比较均匀，2019年和后几年度弥补赤字的举债规范机制就可以更加积极地运用起来。假定未来几年还本的压力比较均匀，那么就可以考虑每个年度适当多举一些债。

地方隐性债到底是多少？其实原来的存量已经消化得差不多了，现在新出现的是融资平台的暗中操作及所谓产业引导基金所产生的负债，以及PPP概念下地方政府卷进去的负债。到底有多大的地方隐形债压力，现在真的没有一个很清晰的判断，但这个局面还是可以控制的。具体的地方隐性债，还有待于调查研究，一方面要防范风险，另一方面也不要有意去渲染一些过度悲观的说法。我觉得还是要争取说得中肯一些、全面一些。举债的安排和赤字有一定关系，是带总量扩张特征比较鲜明的一个更加积极的要因。

第三，结构性减税。我觉得这是要特别强调的地方，这也是企业家反复发声的地方。到底要怎样减税？中国现在算全了也只有18种正税，还不会让一个企业全碰上。在与企业相关的税种中，哪种还可以再减？比如营改增以后，增值税的标准税率为17%，还将下降一个百分点，中间那一档的税率从11%降至10%。李克强总理说2018年要减税负8000亿元，加上税外负担的3000亿元的降低，2018年整体要减轻企业和纳税人负担1.1万亿元。这是在前5年减了3万多亿元负担的基础上明显的加码，2018年一年就要减1.1万亿元。要在这方面再加码，多减一点，就得继续考虑还能减什么？

企业所得税方面，中小企业减半征收，到2020年以前不变。减半征收，就是25%的税率变成12.5%，比特朗普减税的力度还大。小微企业也有一个类似的"起征点"，已经一抬再抬，抬得相当高了。企业所得税还能打什么主意？是不是可以给中石油、中石化等大型企业再减税？这就得再讨论了。企业所得税还有一个操作点，就是企业的研发投入费用，可按150%加计扣除，后来又提高到175%，现在能否再抬高一些，抬高至

200%、250%？这也是可以进一步讨论的。这是国家支持企业进一步释放潜力、释放活力和创新发展的一种体现。

其实当前中国企业减税已经没有多少可操作的空间了，企业真实的负担是税外的。宗庆后说娃哈哈要缴五百多种各种各样的费用，他笼统地说税负太重。后来，相关部门说宗庆后说得不对，那些都是税外负担。所以，要想真正降低企业负担，不能只讲税，一定要把税外的各种各样的负担都放进来考虑。

> 要想真正降低企业负担，不能只讲税，一定要把税外的各种各样的负担都放进来考虑。

还有一个隐性的负担，就是为官不为。为此，中央也专门出台了文件。但是如果没有一个系统性的改造，没有配套改革，只是拖着，这个时间成本的负担更要命，企业的市场机会也就丧失了。这是一个整顿澄清吏治、以合理激励改变"为官不为"才能解决的问题。

还有支出结构的优化，财政在这方面应该以增加有效供给来引领需求潜力的释放，比如"有效投资"。要加强重点建设项目的支出，还有，在PPP项目方面要加强公共工程、基础设施、产业新城建设运营、产业园区的开发等方面的支持力度。

教育改革、科技创新也事关发挥科技"第一生产力"的重大作用，它对于中长期的影响十分重要，支持教育、支持科技是积极财政可以也应当努力做到的。

教育方面，中国的教育现在硬件一般都非常好，但学校不能光有像样的大楼、新设备，还要有先进的教育理念，必须进行教育改革。财政还得花钱买机制。在科技创新方面，若科研系统按当前官本位、行政化的一套来加强管理，则违背了科研规律，这对中国真正创新的一线人才而言是非常刻薄的。这是中国现实的问题，财政要支持教育、支持科技，还得争取把机制调整好。

此外，社保体系还要进一步增强老百姓的信心，减少这方面的"预防性"储蓄。现在大家开始更多注重扩大消费的内需了，我们的基本公共服务一定要做好所涉及的户籍改革、新农村建设、精准扶贫、社会扶贫等工作，要有更好的政策来托底，要托得更精准，把钱花到该花的地方。

最后，企业改革、金融改革还要破解约束。国家发改委、财政部这两个综合管理的调控部门一定要意识到：要一起来推进配套改革，去解决软预算约束问题。克服这个弊病才可能出现新的局面，使金融像金融，财政像财政，市场像市场。

解码"佛山样本"

佛山是知名的制造业基地。2016 年，国家发改委批复佛山为全国唯一制造业转型升级综合改革试点城市。全球制造业格局正处于重塑期，佛山成为观察新格局的"窗口"。佛山样本的价值有：转型升级政府角色、智能引领制造、工匠与企业家精神培育及产融结合等。精研内涵，解析"中国制造""弯道超车"的策略，同时讨论政府在制造产业升级中的角色等话题。

在 2018 年亚布力论坛夏季高峰会上，国家发改委学术委员会秘书长张燕生就"佛山样本"进行了深入解读，远大集团董事长兼 CEO 张跃，广东长青（集团）股份有限公司董事长何启强，佛山欧神诺陶瓷股份有限公司董事长、景德镇陶瓷大学客座教授鲍杰军，中国自动化集团有限公司董事局主席宣瑞国，上海红星美凯龙企业发展有限公司董事长车建新，爱锐航集团高级副总裁兼 COO[*] Ernest Edwards，就该话题进行了深入探讨。《中国企业家》杂志社社长何振红主持了本场论坛。

何振红：今天这场论坛的主题与制造业相关，我们将聚焦"佛山样本"来一起讨论。先请张燕生教授对该主题做一个解读：什么是"佛山样本"？当前为什么要讨论"佛山样本"？"佛山样本"能给我们一个什么样的启示？在论坛开始前，我与张教授进行了一个简短的交流，他跟我说了一句话，我印象非常深。他说："佛山很中国，'佛山样本'值得中国

---

[*]　Chief Operating Officer，首席运营官。

很多城市去学习和借鉴。"下面请张燕生教授给我们做主旨演讲，大家欢迎！

张燕生：什么叫"佛山样本"？佛山虽然不是特区、不是省会，也不是国家发展支持的重大科技、重大产业所在地，但它靠市场经济、靠草根经济发展起来了，并在过去的40年间形成了"佛山模式"。而中国的未来就是草根的未来、民营企业的未来和中小企业的未来，所以我们要研究"佛山模式"，讨论"佛山样本"。

在对佛山的调查研究过程中，我印象最深的就是，佛山提倡政府、市场及社会没有大和小、没有强和弱、没有多和少，政府和市场就是一个硬币的两面。佛山的草根能够生存和发展，很大程度上就是由于政府、市场和社会三方的作用形成了合力，共同推动了佛山过去40年的发展。

下一步如何发展？我认为，佛山的草根经济发展要走向现代化、高质量和全球化。但是目前草根经济缺技术、缺人才、缺资金、缺渠道、缺品牌。在这种情况下，就需要"双引擎"——两个发动机。

一个发动机叫"双创"，即大众创业、万众创新。还有一个发动机叫"双公"，即公共产品和公共服务。"双公"比"双创"更重要。比如，企业转型面临的一个问题是如何培养合格的高素质员工？这需要发展多层次的职业教育和技术培训。佛山喊的口号是："对标德国和欧洲，学习德国和欧洲。"它们是如何构建双元教育体系的呢？一半的孩子学习知识，一半的孩子学习技能。这种事情光靠企业是做不到的，它需要政府、全社会共同来做。

> 一个发动机叫"双创"，即大众创业、万众创新。还有一个发动机叫"双公"，即公共产品和公共服务。"双公"比"双创"更重要。

还有一个问题是缺技术。德国有一个机构，有2.2万名研发工程师，在七大领域帮助企业解决问题，比如缺关键的零部件、缺工艺等。因此，我们可以看到共性技术和公共技术的服务对草根经济的发展至关重要。德国为草根经济提供共性技术和公共技术的机构有四个，每一家都有几万名员工。这些机构的钱是哪儿来的呢？1/3是财政给的，不问用途，只要能帮企业解决问题，这笔钱就可以花；1/3是项目的公共经费；1/3是有偿使用。从这个角度来看，草根经济的转型涉及方方面面，即营商环境、投资环境、市场环境、创新环境和政策环境等，而一个好的政府，在转型时期是至关重要的。

透视全球制造业的新格局，可以从以下三个方面来看。

第一，从制造业的角度来看，2017年是全球经济企稳向好的一年。2016年全球制造业的增速是2.1%，2017年全球制造业的增速是3.2%。2017年是全球GDP企稳向好、全球贸易企稳向好、全球制造业企稳向好的一年。

第二，2017年是全球制造业企稳向好的一年，那么哪些国家表现更好呢？我们可以看到，发达国家制造业的增长曲线、斜率要更陡峭。过去10年，发达国家重振制造业，进行了结构调整，从目前来看，已经开始见效。

第三，在制造业当中，表现最好的制造业是哪一个部分？高技术制造业的增长率是5.3%，显著高于中等技术的2%和低技术的3%。

以上三个方面告诉我们，从全球制造业的形势看，高技术制造业的增长态势是比较好的。对中国的制造企业来讲，重要的是如何能够从全球价值链的低端进入中、高端，这也将是我们进入增长"快车道"的一个表现。

从中国人的角度讲，我们首先希望通过"中国制造2025"，实现从过去40年的"代工""贴牌"转向自主，让制造业从全球价值链的低端进入中、高端；其次，就是从过去的简单模仿走向科技创新。

现在，美国以及很多国家都担心，如果中国的制造业做强、做优、做大，他们该怎么办？这就涉及当中国从制造业大国走向制造业强国时，我们和世界的关系是什么？我非常认同一位优秀的佛山企业家所讲，当我们的制造业开始进入全球价值链的高端，和传统制造业强国形成一个包容发展的新模式时，依靠的不是替代，而是创造。

> 当我们的制造业开始进入全球价值链的高端，和传统制造业强国形成一个包容发展的新模式时，依靠的不是替代，而是创造。

同时，中国也在不断加强对知识产权的保护。美国比特森国际经济研究所的研究报告表明，中国的知识产权保护大幅度改善，2017年为知识产权付费370亿美元，在全球排第二位。

说回到佛山，佛山故事的特点是什么？我们需要回顾一下过去40年我国的制造业是如何发展过来的。

广东有两种生产模式：一种是"佛山模式"，发展内生市场经济的中小或民营企业，从制造业的最低端一点一点地往上走；还有一种模式是"东莞模式"，就是代工、贴牌。这两种模式完全不一样。东莞的模式是招商引资的模式，就是营造一个好的投资环境，有一个好的服务型政府、一套好的优惠政策，然后把境外或者外地的企业吸引过来。这种模式大部分都是代工和外资。而佛山模式，则是政府把它的权力从市下放到区，从区下放到镇，把权力下沉到最基层，培育民营企业、草根经济、中小企业发展的土壤和环境。

这两种模式在过去40年的发展路径是什么呢？我们叫代工、贴牌的出口为加工贸易出口。1993年，加工贸易出口和一般贸易出口的比重超过100%；也就是说，半壁江山是代工、贴牌，以外资为主、以工序分工为主、以低端为主。1993年以后，这种代工模式持续增长，直到2008年才开始下降。

为什么改革开放40年，其中30年中国经济的半壁江山是代工？过去40年为了发展市场经济，我们用小经济体的模式，也就是代工来发展市场、民营和制造业。从这个角度看，在当前连中兴通讯都没有关键核心技术的情况下，代工、贴牌怎么可能有核心技术？企业怎么可能进行科技创新呢？佛山模式一个最重要的特点就是佛山的制造业也是一种生态发展模式，它映射出中国制造业的3岁、10岁、15岁、18岁。但是，我们也看到，佛山从2012年以后开始发生实质性的变化，这些草根经济开始从高速增长转向高质量，从传统转向现代化，而且从中国开始走向世界。

在研究了我国混合所有制的效率之后，我们发现佛山制造业能有今天的发展，和一般制造业的所有制结构有密切关系。在一般制造业中，民营企业占比61.2%，国有企业占比27.8%，外商投资企业占比11%。民营企业和外资企业占比7成以上，形成了一个充分竞争的环境。在这个环境中，只要努力，你就能够发展起来。

目前，佛山的发展已经进入了创新驱动的新阶段。我们可以看到，广东的研发强度是2.56%，投入创新的资金超过5000亿元；深圳的研发强度是4.1%，投入创新的资金超过800亿元；佛山的研发强度是2.7%，投入创新的资金超过200亿元。"研发强度"是衡量一个地区是否为创新驱动的重要指标。佛山这样一个地级市投入创新的资金超过了江西、山西等14个省、市、自治区，而且它是在一个长期金融抑制条件下发展起来的"草根"。草根创造了奇迹，内生经济创造了奇迹，中小企业创造了奇迹。

但如何解决佛山这个"草根"的转型问题？还是需要国家帮助它，比如在一些重大的科学装置、重大的高技术制造业项目等方面都需要国家的支持。佛山人喊出的口号是"草根转型"。怎么转？对标德国。怎么对标德国？怎么把德国的工业服务引到佛山来？佛山人是怎么做的呢？他们把长春的一汽大众引进来，GDP算长春的，税收算长春的，但这个企业给了佛山草根一个榜样，让草根看到跨国公司是如何生产、如何研发和如何销售。中国人从来都讲，榜样的力量是无穷的。佛山是一个普通的地级市，市场能够改造佛山，市场能够改变佛山的制造业，我相信制造业也能够改变中国。

何振红：我想问张教授一个问题。刚才您提到，全球制造业开始企稳向好，制造业也企稳向好，而且发达国家的增长速度是快的，高技术产业的增长速度也是快的。那么，在新技术不断变化的情况下，我们的一些城市靠这样的自我积累，包括自己去投资、去创新，能不能赶上这一轮制造业的新变化呢？现在的制造业迅速进入智能制造的阶段，在这个过程中，佛山所面临的挑战是什么？制造业面临的最大挑战是什么？过去40年，佛山的发展可以成为中国非常多城市的样本，未来10年、30年是否可以成为中国制造业、城市制造业的一个样本？

张燕生：佛山最宝贵的是有一批开了窍的企业家，一批开了窍的年轻人。但佛山没有一流的大学，没有一流的直接融资的金融体系，没有一流的真正的全球顶尖的创新型企业，佛山也没有一流的公共技术平台。但佛山的政府很努力，在过去近20年的时间里，把中科院各个研究所都引到了佛山，把清华大学、北京大学引到佛山，千方百计地想成立一个公共技术服务平台。我建议佛山开放性地开展跨境创新，全世界谁有技术、工艺和渠道，就跟谁合作。佛山有中国的优势：大市场、产业链、高储蓄率和充分开放的经济。虽然草根转型很难，但众人拾柴火焰高，就可以一步一步构建转型的底子。

何振红：谢谢张教授。其他嘉宾认为制造业面临的最大挑战是什么？

何启强：佛山是内生经济，从当时的乡镇改制开始，慢慢从基础薄弱的地方做起来。现在佛山面临的问题，就是传统制造业做得不错，但是科

技含量不高。相反，东莞由于引进了很多国际上的技术，接触高级职业技术的能力强一些。不过，再高级的制造业也需要传统的配套，所以我认为我们面临的问题就是如何包容共赢。

宣瑞国：我自己做了两方面的产业，一个是高铁装备制造，另一个是自动化产业。在自动化产业，中国一年有1.4万亿元左右的产值，其中76%来自国外6家大的自动化公司，包括ABB、西门子等，而中国企业占了非常小的份额。而在高铁装备制造业，中车一年大概有3000亿元左右的营业额，占了全球70%的市场。尤其是南北车合并以后形成了一个巨无霸，全球无人能企及。不管是美国的还是东南亚、土耳其、拉丁美洲的，只要是中车所到之处，全部拿下。这两个产业恰恰证明，在中国制造业的要素中，最需要的就是人才、技术。

中国的自动化产业是完全草根的创造。几万家的中国企业，不管是在自动化还是信息化过程中都扮演着关键角色，可它们现在都被压在了产业的最底层。这个时候是不是需要政府来支持？

张跃：不管是"佛山样本"还是"中国制造"，一个根本性的问题就是怎样保护创新。政府给企业创新奖励，甚至有些地方直接说报一个专利

奖多少钱，但并不解决知识产权保护的问题，创新是不会有的。中国为什么没有创新？可能要从文化的角度来追溯。中国有一句古话，叫"读书人偷书不算偷"，不认为知识是有价的，这个传统根深蒂固。

在中国要想搞创新，首先要改变文化，但是如果文化改变不了、意识改变不了，用强制的法律还是有可能的。政府要真的重视这件事，把知识产权的保护当作一件大事情，当作解决创新问题的重中之重，否则就没有人愿意花钱去搞研发。因为花了钱以后技术被别人剽窃，而剽窃的人没有任何成本风险，甚至连你的技术团队都拉走了。远大也一直面临着这样的问题，技术被别人轻易地拿走，我们不光花了钱、冒了险，还浪费了大量的机会成本，最后可能就是一场空。我们所有的产品，在面世前就开始有人剽窃，自始至终如此。所以，中国如果不解决这个问题，就不要谈创新。

鲍杰军： 在佛山创业经营的感觉是和谐，不需要花太多的精力去协调政府和市场。佛山，一个普通的地级市，完全没有依赖国家的重点投入，GDP就在全国排第16位，工业总产值全国排第5位。这是怎么做到的？最关键的是佛山能够形成产业链和产业集群，佛山的绝大多数企业都与民生息息相关。以建陶行业来说，目前在全球范围内，佛山的产业集群跟产业链是最大、最强的。中国瓷砖每年的总产量接近100亿平方米，西班牙、意大利等传统强国每年的产量大概是4亿平方米，还不到中国的一个零头。但是，意大利有很多值得我们学习的地方。最早的时候我们是模仿，后面强调自主创新，现在是整合创新。我们可以到意大利挑选最新的装备、原材料，甚至包括原创设计，结合自身产业链的基础进行创新，从而生产出全球领先的产品。

车建新： 谈到未来的竞争，我认为，人工智能在工业领域当中是非常重要的一步棋。互联网其实是很伟大的。但当互联网和人工智能相比，互联网就是蚂蚁，人工智能就是大象。中国的工业企业要加强对人工智能的重视，不要认为我们现在活得很好就行了，再过5年、10年可能连活路都没有了。人工智能不是"煮青蛙"的概念，煮青蛙是慢慢死去，而人工智能是让你立即死去，立即没有市场，立即没有生产能力。

Ernest Edwards：社会如果没有持续的创新，发展就会停止，无论是在欧洲、美国，还是中国，社会都不会进步。希望我们一起加油，实现社会的进步。

何振红：通过讨论"佛山模式"下制造业的各个环节，我们再一次看到了佛山这个样本的典型性、现实性和未来性。

景德镇往事

你大概也读过王安石、欧阳修的诗句吧，据说有个统计，按照人口比率，江西是中国历史上最盛产才子的省份，于是至今还有"才情"江西一说。在目前的中国经济版图上，江西位于后进之列，但经济的竞争，总归是人才的竞争，在各地延揽人才的大氛围中，我们如何看"才情"江西的未来？或者我们可以在回眸景德镇的往事中，探究一二？旅游事业是"才情"江西的产业延伸，我们也将讨论旅游这项江西的新事业。

在 2018 年亚布力论坛夏季高峰会上，景德镇陶瓷文化旅游集团董事长刘子力、南昌大学教授黄细嘉分别介绍了景德镇往事及未来的发展方向。河南建业集团董事长胡葆森、华远地产股份有限公司原董事长任志强、上海长甲集团董事长赵长甲、国开金融有限责任公司副总裁左坤、泰康保险集团股份有限公司总裁刘经纶、阳光 100 集团董事会主席易小迪就这一话题进行了深入讨论，正略集团董事长赵民主持了本场论坛。

赵民：今天我们来到了红色之都——江西，一起来谈谈江西的文化。首先有请景德镇陶瓷文化旅游集团董事长刘子力和南昌大学教授黄细嘉为我们讲述景德镇故事。

刘子力：我是一家国企的董事长。这家国企是一个具有一百多年历史的新企业。下面我讲讲景德镇的时间、空间与人。

讲景德镇，最重要的是讲人。我分五个部分来介绍我们的景德镇，一

个基本的逻辑是：过去、现在和未来。

第一部分，过去。

景德镇是一座具有悠久历史的城市。2004年，我随我们的政府代表团去英国剑桥大学李约瑟研究所访问，该研究所的负责人告诉我们，景德镇是世界上最早的工业化城市。

一千年前，宋真宗赵恒给了这座城市一个称号——"景德"。1278年，忽必烈首次在景德镇浮梁设立了官办机构"浮梁瓷局"。1369年，明太祖朱元璋在景德镇设立御窑厂，就是我将要说的景德镇的明清御窑厂。这个御窑厂实际上是一个最早的"央企"，由官方出资、官方派人和官方销售，历经七百多年，延续到了今天。这个御窑厂是国宝单位，实际上跟北京故宫是紧密联系的，它是北京故宫的一个根。故宫里的爱恨情仇在这个御窑厂都能找到。

例如，明朝第五代皇帝明宣宗朱瞻基，他是一个非常有作为的皇上，在他执政的10年是景德镇有历史以来最辉煌的10年。他有一个爱好——斗蟋蟀，但斗蟋蟀不是一件光荣的事情，史官不能记载，于是宣德皇帝玩蟋蟀长期以来只作为故事流传着。1996年，明代景德镇御窑厂遗址出土了一批蟋蟀罐，上面写着"宣德年制"，以上这些传说也因此得到了证实。又比如，明成化皇帝的斗彩鸡缸杯在御窑厂也能找到。因此，御窑厂是一个实证，宫里的爱恨情仇在御窑厂都能找到。

清代还有一个非常有名的人——唐英，他16岁进宫，曾做过康熙的带刀侍卫，非常有才华，后来在景德镇待了28年。他是一个非常有文化情怀的人，不但是一个督陶官，而且还是一位昆曲戏曲家。他喜欢虞美人，《霸王别姬》这折戏首唱者就是他。他有17本折子戏现存于北京故宫。他在景德镇的28年，创造了景德镇历史上一个新的文化高峰。1756年，他离开景德镇后，景德镇的陶瓷业就直线往下跌，直到清末，陶瓷业一蹶不振。

清末景德镇陶瓷事业不断下滑，被日本、德国超过，怎么办？学西洋。当时景德镇的行政长官写了一封奏折呈给慈禧太后，1903年，慈禧太后给予批示，从此景德镇有了公司——江西瓷器公司。该公司的第一代领导者叫康达，至今最后一位领导者就是我，我就是这家公司最正宗的传承人与守望者。所以，景德镇的历史和人是分不开的。

御窑厂有那么多故事，而我们陶瓷公司的故事就更多了。比如，我们曾经为英国女王供过西餐具。1947年，英国女王伊丽莎白二世（当时还是公主）大婚，蒋介石在我们公司订了一套礼品瓷送给英国女王祝贺大婚。3年前，我们景德镇还重访伊丽莎白女王，去看那套餐具。这套餐具是中英关系的见证，也代表着陶瓷在那个年代的崇高地位。中华人民共和国成立后，我们公司又创造了新的辉煌。但是事情都是按正态分布曲线发展的，有高有低。

1995年，我们公司遇到了巨大的困难，那时我才30岁。当时全国所有的国企都一样，员工下岗再就业。我们公司有一个非常普通的打杂女工叫项赛云，她只有一个儿子，患了精神病，儿子还生了两个女儿，当时这两个女孩都只有十来岁，她带大了这两个孙女。在那个年代，下岗就意味着断了生活来源，非常困苦，她是怎么渡过来的？她坚信着一个信念：把孙女们带大，长大后让她们学手艺。到了两个孙女16岁的时候，她告诉我，她的一个孙女学了釉上粉彩，另一个学了青花分水。两个孙女到了18岁的时候这个老太太去世了，完成了她的历史使命。

所以说，景德镇是一个非常有年代、充满人物故事的地方。

第二部分，现在。

景德镇的现在是什么样？

自从项赛云那一批的六万多人下岗、离开工厂后，我们公司下属的四十多家工厂都变成了半废墟状态。直到2009年，公司才安顿好六万多人的养老保险和医疗保险，这要感谢我们的党，让他们没有了后顾之忧。不过，我们劫后余生留下来的这些老工厂、老街区、老窑址都成了非常宝贵的文化遗产资源。

2012年2月，我们公司邀请清华大学建筑系的一位教授张杰来到景德镇，为我们这座城市做一个关于遗产保护的规划，从此他就没有离开我们这座城市。清华同衡规划设计研究院陪伴我们成长，与我们这座城市、跟我们这家公司一起，创造了老城保护的"景德镇范例"。

但我们把这些老工厂保护下来还不够，六万多名职工安顿好以后，这些剩下的老工厂不就是一个空房子吗？并不是，景德镇又有一批新的"血液"进来了，我们称之为"景漂"。现在景德镇90%的人都是"景漂"，除老工厂、老窑址之外，最有价值的就是这些"景漂"，他们是这座城市的灵魂。

我们做了一个项目，叫作"陶溪川"，它是一个代表，是对于一百年老工厂的改造。还有一个项目叫作"陶阳里"，它是以700年来的御窑厂为中心，对700年历史老街区的保护与利用。第三个项目是"陶源谷"，这是景德镇的发祥地，有一百多座窑址，现在被我们保护下来了，窑址就是我们的根。"三陶"就是我们现在要重点打造的项目，为了谁？为了年轻人。

我上次到北京出差，接到一个朋友的电话，他2006年在景德镇考古后就留在了景德镇。他告诉我，他的学生要结婚，订了我们陶溪川酒店的房间。我说，要给他们打半折。因为俩夫妇，一位是铁岭人，另一位是南昌人，他们在景德镇陶瓷大学读书，在陶溪川相识、创业、摆地摊赚了钱。他们于2018年"七夕"结婚时告诉我，他们夫妇俩不再会离开景德镇，不再会离开陶溪川，他们要在这里扎根。

我们陶溪川有多少这样的年轻人？登记在册的有8821个，每个月都有新人来申请登记。

第三部分，未来。

景德镇是一座不老的"瓷都"。景德镇要有一个新的姿态、一个新的年轻态呈现给世人，古老"瓷都"的年轻态就是我们的梦想。景德镇是一个有传统的地方，我们希望景德镇的传统是年轻人接受度最高的地方。

有一个长沙小伙，是宾夕法尼亚大学的博士，到陶溪川创业，做陶瓷3D打印，现在获得了深创投的首笔创投资金。他告诉我，他在景德镇可以把这个公司做大，为什么？因为景德镇有非常多的年轻人与他共同发展。我觉得这是一个生态，这是一个年轻人未来的生态。

未来景德镇就是要创造一个可持续发展的生活方式，我理解的可持续发展是什么？低碳、低消耗和可持续。年轻人在这里可以得到更好的大学之后的培训，能够获得更好的创业机会，他们能够在景德镇娶妻生子，在这里繁衍后代，他们不一定大富大贵，但一定能够有尊严、有体面地生活下去。

赵民：下面我们有请黄教授为我们讲讲江西，讲讲景德镇，讲讲江西的"才情"。

黄细嘉：我的发言题目是《景德镇——一座讲好中国故事的城市》。我讲三个方面的内容：一、一座与世界对话千年的小镇；二、生计、生产、生活、生命和生态融为一体的世界"瓷都"；三、一座文旅融合的全域旅游城市。

一、一座与世界对话千年的小镇

中国是世界上最早生产瓷器的国家，景德镇对世人的影响及其在世界上的地位都是通过瓷器开始和实现的。景德镇千年以来以单一陶瓷产品立世，在全球独一无二，成为中国传统文化的典型代表。景德镇是汇天下良工之精华，集天下民窑之大成的"世界瓷都"。

景德镇陶瓷乍始于汉室，发展于唐五代，称名于宋朝，繁荣于元时，鼎盛于明清，衰落于清末民初，继往开来、发扬光大于现当代。延绵近

2000年窑火不衰，这是中国乃至世界制造业的奇迹、造物史的壮举，是中国乃至世界文明史的辉煌篇章，是中国对于人类不朽的贡献。

无论是大汉时期的新平镇、隋唐时期的昌南镇，还是两宋以来的景德镇，自古以来，她都以镇为名，至今还叫"景德镇"，只不过现在叫作"景德镇市"。但这座既不是通都大邑，也不是闹市巨埠的小城，尽管相对来说还地处偏远、关山阻隔，却是一座与世界对话千年的城市。它与世界对话的资本是什么呢？全有赖于一种造物，这种造物就是陶瓷。

这样一座小镇为中国和世界创造了无数精美绝伦的瓷器，造就了多少人间神话，成就了多少财富梦想和人生传奇，这里面有一些材料可以说明。宋代以来，这个地方就是"村村窑火，户户陶埏"。明代缪宗周讲"陶舍重重倚岸开，舟帆日日蔽江来"，整个的长江都是舟船，真壮观啊！宋应星的《天工开物》说景德镇制瓷工序"共计一坯之力，过手七十二，方克成器"。明代王世懋又讲："万杵之声殷地，火光冲天，夜令人不能寝，戏目之曰：四时雷电镇。"景德镇当时生产的火热程度从这里就可以看出来。清代凌汝锦《昌江杂咏》云："重重水碓夹江开，未雨殷传数声雷。"清代龚鉽在《景德镇陶歌》说："寻常工作经千指，物力艰难哪得知。"清代蓝浦《景德镇陶录》告诉我们，景德镇瓷器"行于九域，施及外洋"，说的就是景德镇瓷器在中国到处都有，而且运输到国外。

尤其是在清代有一个叫朗费罗的美国人，他写了《景德镇神游》这本书。这里面写得很有意思："偶作飞鸟来此地，景德镇上望无余。俯瞰全境如焚火，三千炉灶一齐熏。充满天际如浓雾，喷烟不断转如轮。苍黄光彩凝画笔，朵朵化去作红云。"可见当时生产的场景、场面之热闹、之热烈，说明她确实是一座在全力生产瓷器的城市，应该说是一座工业化的城市，也许景德镇就是中国乃至世界最早工业化的城市。

景德镇的瓷器走过五大洲、七大洋，成为世界各国人民喜不自胜的器物。景德镇的瓷器，迈过万里无垠的沙漠，越过浩瀚无边的大海，走向世界的每个角落。

景德镇的瓷器成为欧洲皇宫的珍品，成为上流社会珍爱的奇物，成为人们身份尊卑的象征。一些欧洲宫廷纷纷造出所谓的"瓷屋"，摆设中国的瓷器（尤其是景德镇的瓷器），英国、法国、德国、奥地利的皇宫里面都曾经这么干过。

在一些国家和地区甚至部落，景德镇所产的瓷器还具有诸如硬通货的功能，可作为婚嫁的彩礼和赎身的信物等。

19世纪一位德国地理学家李希霍芬来景德镇考察，将景德镇生产的瓷土，就是高岭那座山出产的瓷土称为"高岭土"，命名为Kaolin，让景德镇市浮梁县高岭山出产的高岭土成为瓷土的代名词，奠定了高岭、浮梁、景德镇在瓷土、瓷业、瓷都方面的正源地位。

中华人民共和国成立以后，据不完全统计，我国的国礼瓷先后三四百次采用景德镇的瓷器。

自唐五代景德镇烧造出水平较高的青瓷和白瓷后，一些伊斯兰国家首先开始模仿景德镇的瓷器，其后东亚的朝鲜和日本、西亚、欧洲均走上了学习景德镇制瓷技艺的漫漫长路，一路多有收获和创新。法国传教士殷宏绪分别于1698年和1721年对景德镇进行了两次详细的考察调研，把景德镇瓷器的制作工艺描绘得非常详细，引进到欧洲，于是欧洲出现了第一个以景德镇工艺为模仿对象的瓷器生产线，也正因为如此，欧洲的瓷器才开始赶上中国的瓷器。

很有意思的是，在英语语系的国家中中国与瓷器两者是统一的，我们也不清楚他们到底是通过瓷器认识中国，还是通过中国认识瓷器。但有一点可以肯定的是，他们对于瓷器的认识更多的是来自于景德镇，这是不可撼动的事实。这里面存在着两种逻辑关系，一是景德镇（昌南）——瓷器——中国，二是中国——瓷器——景德镇（昌南）。以瓷器为媒这一点是不变的，而瓷器的代表产地和来源是景德镇，这又是铁的事实。1965年，郭沫若来考察景德镇时留下一句话："中华向号瓷之国，瓷业高峰是此都"，这可能是大家耳熟能详的、奠定景德镇"瓷都"地位的最后一个最有权威的定论。

二、一座将生计、生产、生活、生命、生态融为一体的"世界瓷都"

在景德镇这座城市，人们的生计来源于瓷器，人们的生活依靠瓷器，人们的生产依托于瓷器，人们的生命融入瓷器，景德镇的生态就是为瓷器而生的，因为这里有瓷土，这里有瓷石，这里有运输的通道，所以"五生"一体，成为这座城市的重要表现。

但说景德镇是一座可以亲近陶瓷的"世界瓷都"，是因为它拥有2000年的冶陶史、1000年的官窑史、600年的御窑史。说景德镇是"瓷都"还在于她生产的瓷器成为世人所追捧的器物，历史上远销世界120多个国家，几乎遍及了世界的每一个角落。说景德镇是"瓷都"，还在于她成就了世界陶瓷技艺的高峰，历史上主要陶瓷生产国和现代陶瓷大国都曾借鉴和学习过景德镇的陶瓷制作工艺。说景德镇是"瓷都"还在于她以陶瓷立市、以陶瓷兴市、以陶瓷荣市，既以陶瓷入世又以陶瓷出世，是一个因陶瓷而繁荣千年的唯一城市。说景德镇是"世界瓷都"还有一个"景漂"的现象可以说明。为什么？因为自古以来，世界各国人都到景德镇来学艺，现在也有3万多"景漂"在景德镇寻找自己的梦想，寻找自己的生命价值。

三、一座文旅融合的全域旅游城市

景德镇是一座具有"恒与变"对立统一特征的城市。

所谓"恒"，就是亘古不变的"千年小镇"和"世界瓷都"，就是千百年来靠单一的陶瓷手工业（工业）立世的城市。同时它的城市规模和人口，和历史上的鼎盛时期相比，变化也是很小的。这点很有意思。

历史上沿河建窑、因窑成市，形成了"陶阳十三里""廿里长街半窑户"的街市格局，而今天景德镇市的建城区规模，如果仅算其长度，大概也就20~30里，变化不大。

明朝嘉靖时期，景德镇从事瓷业的人数已达10万余人，城市总人口即使以从事瓷业人数乘以3来计算，那时也有30万。中华人民共和国成立后，景德镇建立的十大国营瓷厂，拥有职工10多万人，若以该数乘以3，城市人口也是30多万。2017年，景德镇市总人口约165万，其中心城区人口也只有44万，说明城市规模和人口基本没有多大变化。

但有一个形势在变，就是人居环境在变。其实，景德镇在古代是不太适宜人居的，所以有钱人不在景德镇居住。毕竟"村村窑火，户户陶埏""全境如焚火，三千炉灶一齐熏"，这谁受得了？"重重水碓夹江开，未雨殷传数声雷"，没有大雨就好像打了雷。"万杵之声殷地，火光冲点，夜令人不能寝"，还有"昼间白烟掩空，夜间红焰烧天"。所以，世界上第一座因工业而污染的城市也许就是景德镇。

所谓"变"，就是景德镇人们的生活和生产环境在变。因为技术的进步、工艺的改进、窑炉的改善，古代那种严重污染的情况逐步得到彻底改变。景德镇的瓷业生产逐渐绿色化和洁净化，景德镇早已成为宜居、宜业、宜游的山水生态之城和陶瓷文化之城。

有人说，景德镇太偏、太小，其实这是她恒久不变的选择和价值取向。千百年来它就是一座小镇、一座小城，至今她的名字还叫景德镇。

有人说，景德镇太老、太旧，其实这是她对传统的尊重和传承。千百年来，她专注做一件事——制瓷，她专门成就一样东西——瓷器。

有人说，景德镇太乱、太杂，其实这是她对艺术的执着和追求。千百年来，她只为瓷而活、只为瓷魂而守，其他都不是她关注的，有谁见过艺术也能整齐划一？所以她乱一点，这是艺术家的风采。

有人说，景德镇太土、太板，其实这是她对技艺的守望和回归。千百年来，她就是在这72道工序中淘洗掉尘埃和杂质。不土何来这"白如玉、明如镜、薄如纸、声如磬"的风姿？

正因为如此，她才有与世界对话的资本，才有与世界交流的底气，才有将自己展示给世界的底蕴，才有成为文旅融合的无景点旅游城市的可能。

我查阅了景德镇的景点，发现网上介绍景德镇的景点一共有520个，且每个景点都有电话、地址和营业时间，不会是假的。景德镇是一个户户有瓷人、家家有瓷器、人人谈瓷艺、街街有瓷馆、村村有瓷窑的城市。景德镇是古窑分布最广、陶艺工作坊最多的一座露天陶瓷博物馆和艺术馆，景德镇是博物馆、陶瓷馆、美术馆、艺术馆、民俗馆、古窑纪念馆等最多的陶瓷历史与文化之城。

最后，景德镇是江西省最具海外魅力的旅游城市。2017年江西省接待入境旅游者达188.9万，而景德镇就接待了43万人次之多，占28%，"景漂"一族中就有2000多海外"景漂"。

赵民： 下面有请胡葆森董事长发言。

胡葆森： 我谈谈我的感受。听完刘董事长和黄教授对景德镇的介绍，我很感慨。

第一，我刚从欧洲回来。我到伦敦国家美术馆参观，发现在欧洲的中国元素好像都跟陶瓷有关。有一天，我晚上散步无意中走进了另一家博物馆，里面有一个馆专门展示中国文物，摆放的有一半都是景德镇早年的东西。通过刚才两位专家的介绍，我对景德镇瓷器有了新的认识——除去它的功能性和实用性以及后来的观赏性和保值性，它还有体现身份象征的作用。它本身又是中国的一个文化符号。

第二，我来自河南，中国的五大瓷中，产自河南的有钧瓷和汝瓷两大瓷。我不止一次到过烧钧瓷的神垕镇，2006年我还在神垕镇上开发了一条钧瓷商业街。刚才刘总、黄教授的演讲中有很多的思想和做法给我带来了很多启示，以后我还会专程带着我们做文化和旅游的团队去景德镇参观和学习。

中国乃至人类的文化传承都需要载体，这种载体除去与人们日常生活

密切相关的房子、食品等之外，还有音乐、瓷器。实际上瓷器也是文化传承的载体。因为探寻中华文明的源头，除了都城的城墙外，还有当时用的器皿，它也是佐证历史的一个重要工具。从这个意义上来看，景德镇其实是中华文化传承的一个很重要的地方。所以，如果去景德镇参观，不但要看它的过去、现在和未来，而且还要看它对中华文明传承的贡献。我觉得应该有一种朝圣的心情。

赵民：下面有请华远原董事长任志强讲讲。

任志强：江西给人们留下的最深印象就是"才情"二字。从江西的地理位置来说，水系发达是江西历史上很多城市集中和发展的一个重要条件。所以其文化传承在一定程度上也来自通过水系形成的交通网络，否则那些才子佳人也来不到这个地方，历史上江西也就不可能出那么多的才子。一直到中华人民共和国成立以后，江西的GDP不高，但出的优秀人才很多。所以，这也成了一种历史文化。

但是几乎所有江西传承下来的历史文化都来自一个根源——官窑统治。为什么景德镇能够传承下来？一个很重要的原因是，它有1000多年的官窑统治历史。官窑统治意味着别人不能学、不能干，它是一种垄断。这种文化就变成了只有我而没有他，因为没有竞争。所以，一方面我们传承下来的文化，只有我有而别人没有，我们感到很自豪；另一方面，恰恰因为官方的统治而导致最优秀的技术和文化不能迅速在国内传播，也不能让别人学走。一个问题一定会有正、反两面。如果我们不打破这种垄断，最后可能仍然面临这种情况：这个技术只有我有而别人没有，或者这个文化只有我有而别人没有。

当被官方权威所垄断和控制的时候，就必然出现一些以官文化为主的东西，比如艺术。传统的普通老百姓是很难用到景德镇瓷器的，它只能囿于官。因为瓷器是很高级、昂贵的东西，进不了老百姓家里。之前我去景德镇的时候，是景德镇最困难的时候，也是因为瓷器这些东西没有进入普通老百姓的家。

从现代经济中我们会发现，最能获得高速发展的，往往就是数量最大的东西，也是老百姓最需要的东西。乔布斯任命干部的一个重要原则就是

能不能为公司提供一个市场上老百姓最需要的产品。景德镇过去的市场是官方市场，可以进各个皇宫，因为它是唯一的。但随着社会的发展，市场以老百姓为主要需求者。

饿了么、美团就是做送餐业务的，它们为什么能在很短的时间内迅速增长和发展起来？原因就是它们找到了普通老百姓生活中最重要的痛点，需求量巨大。如果过去我们强调的是因垄断行为而产生高利润，那么在现代社会则很多是先通过免费积累到一定数量，之后才有产生回报和利润的可能性，因此数量变成了重要的东西。

中国有一句古话，叫"物以稀为贵"，景德镇瓷器越稀少越贵。但是现代社会是"物以知为贵"，比如"网红"什么都没有，但知道的人多了就贵了。"物以稀为贵"转为"物以知为贵"，这是科技进步后发生的一个重大变化，如果没有科技进步就不会形成这种情况。科技进步以后，"知"就成了交易量或者流量，变成了一个最重要的指标。对于企业提供的产品或服务来说，最重要的是交易，如果产品卖不出去，就变成废品了。所以我们在评定世界500强的时候，首先要看它的交易量有多少，因此能取得最大的交易量是很重要的。

我觉得在有一个良好的文化基础的情况下，最重要的不是如何保存或收留它，而是如何把它扩散，变成所有人都知道的东西，那时"物以知为贵"的价值才能体现、发挥出来。

作为企业家，很重要的是要推动反向思维找到我们所需要解决的问题，这种反思的结果就是找到弱点所在，解决问题，最后让自己走上一个新的台阶。

赵民：下面有请长甲集团董事长赵长甲讲讲。

赵长甲：这是我第一次正式来江西，以前只是路过。这次来江西，我对江西文化有了一个新的认识。

关于景德镇瓷器，我同意任总刚才所说的，企业的产品既然是产品，它应该被广大社会所知，可以有高雅的产品，也要有能够进入普通大众家的产品，从而更好地为社会服务。

而我自己，对陶瓷文化也好，其产品也好，也有了一个新的认识——陶瓷有文化性、观赏性、收藏性、保值性等，甚至可以成为一个国家的文化符号，反映一个国家的产品质量或艺术水平。

赵民：下面有请国开金融的左总发言。

左坤：因为这是文旅论坛，所以我谈谈对文旅行业发展的一些看法。

近年来，中央提出供给侧结构性改革，其实以国开金融的实践来看，我觉得文旅绝对应该成为供给侧改革的核心方向。因为中国发展到今天，物质方面已经达到了一个高度，但我们在文化精神方面与发达国家相比还有很大差距。

中国有这么多好山好水，但是文化旅游设施其实相当不好，而且不仅跟发达国家相差很大，跟经济总量比我们差很多的发展中国家比，都落后很远。这方面确实是中国经济发展的"短板"，也是目前很多企业希望进入的蓝海领域。

从国开金融的实践来看，这个领域的发展确实很不容易。放眼全中

> 在有一个良好的文化基础的情况下，最重要的不是如何保存或收留它，而是如何把它扩散，变成所有人都知道的东西，那时"物以知为贵"的价值才能体现、发挥出来。

国，真正做得好的、能够做到国际水准的文化旅游项目屈指可数，为什么会这样？我个人认为，因为凡是想做文旅的企业在中国可能都面临"三座大山"。第一，很难得到地方政府的强力支持。第二，很难得到金融机构充裕的资金支持。第三，机构或企业很难搭建一个强有力的创意运营团队——这是他们自身的问题。

> 凡是想做文旅的企业在中国可能都面临"三座大山"。第一，很难得到地方政府的强力支持。第二，很难得到金融机构充裕的资金支持。第三，机构或企业很难搭建一个强有力的创意运营团队——这是他们自身的问题。

首先，很难得到政府的支持。众所周知，文旅项目看似光鲜亮丽，但投资量非常大，回报的周期非常长，而且要回报还得建立在一个前提下，就是要真正把它运营好。运营好都得很长时间才能回收，如果运营不好就损失极大，所以很多企业不敢去做。同时，在做的过程中非常需要得到地方政府在规划、土地指标、土地价格等文旅资源授权方面的全方位支持。实际上很多民营企业比较难去跟政府沟通，从而获得强有力的支持。

其次，银行的融资。文旅要靠长期的运营，它与房地产不同，房地产可能两三年就能有一个循环周期，但是文旅需要10年、15年，甚至20年。而在当前中国的金融体系里，真正能够提供10年以上文化产业贷款的这种长期、大额、相对低成本的融资通道很少，开行可能算是一个主要的融资银行，但是从全社会来看远远不够。所以我们经常会看到，很多企业很有创意、很有情怀，但它得不到长期融资的支持。很多企业拿商业银行中类似于房地产项目的贷款来做文旅项目是很危险的，最后身陷其中。因此，第二座"大山"也没多少企业能翻过去。

最后，企业自身是否具备相关的能力。现在很多企业都想转型，当然，做文旅最具备转型条件的就是房地产企业，但客观地说，房地产企业要去做文旅，也需要做很多内部的革新，要调整团队的心态，要有基因，需要去做创意运营。所以，很多房地产企业要去重新搭建一个文旅的团队，这不是每个企业都能做好的。

所以我想将来这个行业要发展好还需要政府、金融机构和企业共同

来努力。从政府的角度来讲，政府
一定要换位思考，要考虑企业的难
处，全方位地给予政策支持，不要
扭扭捏捏，或者批准后在5年、10
年的开发期内不断地调整、变化政
策，让企业无所适从。从金融机构
的角度来讲，要看到供给侧改革的
要求，提供符合文旅产业发展的融
资支持。从企业自身的角度来讲，
一定要下大决心，这是一件很辛苦
的事情。

　　顺便说一下，国开金融这几年
除了做特色小镇，支持一些文旅项
目外，其实我们还花了很大的精力
在做乡村振兴。约3年前，我们提出了以市民农庄为抓手的城乡一体化建
设模式，得到了国家发改委的支持，并批准我们开展全国试点，到目前已
经试点了3年多。提出这个模式，是因为我们看到今天中国的发展有一个
很重要的社会趋势，就是城市中有钱、有闲的人越来越多，他们都向往田
园乡村生活。而以前农村是被割裂的，允许农民进城打工，但严禁市民下
乡。我们认为，乡村振兴单纯靠农业、农民很难，一定要靠市民下乡，所
以国开金融希望用创新的方式，在政府的强力支持下拉着有实力、有情怀
的企业下乡与农民合作，农民出力、国开金融出钱，搭建一个融合农民利
益的乡村开发平台，而不再是传统上的土地一级开发、搞拆迁，让农民上
楼变成市民。我们将农村几平方公里或者更大的范围统一规划、建设和运
营，重新建好农业社区，然后在基本农田不动的情况下，利用剩余的农村
用地建设各具特色的农庄。国开金融的重点就是在景区和大城市的郊区。
大城市的短途旅游其实更具有生命力，而这时如果把乡村建设好，实现城
乡融合发展，鼓励市民下乡，利用市民下乡的投资消费为整个乡村建设买
单，同时市民下乡之后带动农民的就业，且从根本上去改变农村的人口结

构，为农村注入强大的知识阶层和财富阶层，那么乡村发展可能会获得更好的机会。

最后，文旅发展的"三座大山"如何越过？我认为在文旅这个行业，可能需要很好地贯彻混合所有制。因为国有企业确实是有政府信用和融资的优势，但是客观地说像文旅这样需要创意和运营的产业需要一定的机制。所以，未来对于大型的文旅项目而言，较好的模式可能是"国有企业+民营企业"的混合所有制。国有企业在顶层设计上具有优势，可以把各个细分的领域规划设计好，但在每个细分领域可以和那些优秀的民营企业开展合作，特别是把民营企业在机制和团队方面的优势很好地发挥出来。大家发挥各自的优势，我相信会做得更多、更好。

> 未来对于大型的文旅项目而言，较好的模式可能是"国有企业+民营企业"的混合所有制。

赵民：下面有请泰康保险的刘经纶总裁讲讲。

刘经纶：我生在江西，学在江西，还在江西工作过一段时间，直到1993年才离开江西，所以对江西相对比较熟悉。这个论坛讨论的是文旅行业，我借这个机会谈两点。

第一，关于文旅行业。

旅游业在中国社会发展中应该是一个非常重要的行业。习近平总书记在党的十九大报告中提出要让人民过上美好的生活，旅游业就是美好生活的具体体现之一。据初步测算，2017年全年全国旅游业对GDP的综合贡献为9.13万亿元，占GDP总量的11.04%。江西旅游业占全省GDP的比重为11.36%。

文旅，就是文化和旅游的融合，这是一种趋势。2018年4月8日，文化旅游部正式成立，这实际上标志着文化和旅游融合的趋势不可阻挡。旅游应该是一个文化性很强的经济事业，同时又是一个经济性很强的文化事业，同时我们也发现，旅游与文化融合的程度越高，旅游产品对游客的吸引力就越强，旅游经济发展就越强，所以我认为文化旅游是一个必然的趋势。文化是旅游的一个灵魂，旅游是文化的一个载体。

第二，江西的旅游资源非常丰富且十分具有独特性，我们不仅有文化名人，还有陶瓷、宗教、民俗，同时我们还有名山名水，每座山都代表着一种文化，还有井冈山的红色旅游。所以江西发展旅游有它的独特性，我也借这个机会提三点建议。

一是进一步加强旅游资源文化属性的开发。首先要赋予景观的文化属性。江西有很多文化遗迹和文化遗产，未来要将它们有效地转化为产品。要加强文化旅游产品的创新，我认为这是未来文旅融合的重要工作。其次是赋能于智能景观的属性。智能景观具有丰富的文化内涵，所以旅游开发要进一步开发物质实体的文化属性，更重要的是要提炼出文化的元素。

二是加强对文化旅游资源的保护和可持续性的利用。

三是加强文化旅游全产业链的打造。

总而言之，我们应该创新性地开发文化和旅游。

赵民：最后，有请阳光100集团董事长易小迪讲讲。

易小迪：刚才刘总谈到景德镇的重新开发，我认为年轻人才是老文化街的未来。老文化只是背景，如果没有年轻人做主角，文化是没有未来的。我们也开发过一些老街，主要消费群体是年轻人，我觉得这个方向是对的。此外，其实面向年轻人最重要的是"旧瓶"装"新酒"，装什么东西是最重要的。

还有一点，左总讲得特别好，就是运营能力很重要。要做活动，其实文化没有奥妙，就是不断地做活动，一定要通过运营活动来吸引人。每个地方文化街的产品都不一样。文化街最大的误区就是容易往回走，喜欢怀念过去，把文化街做成一个死气沉沉的老街，这是最危险的。其实老街最重要的是怎么样做新产品，而文化只是一个背景。

> 文化街最大的误区就是容易往回走，喜欢怀念过去，把文化街做成一个死气沉沉的老街，这是最危险的。其实老街最重要的是怎么样做新产品，而文化只是一个背景。

金融大开放

开放举措和实施时点，是近期金融业的最大热点。一是 2018 年 6 月 30 日之前，落实六大举措，包括取消银行和金融资产管理公司外资持股比例限制；二是 2018 年年底前，推出六大政策，包括鼓励信托、金融租赁等银行业金融领域引入外资。开放的举措以及临近的时点，对中国金融业将产生哪些影响？

在 2018 年亚布力论坛夏季高峰会上，中国民生银行董事长洪崎、武汉大学经济与管理学院院长宋敏、清华控股产业研究院执行院长金海年、中泰信托董事长吴庆斌、尚乘集团董事长兼总裁蔡志坚就上述问题进行了深入讨论，知名财经评论家叶檀主持了该场论坛。

叶檀： 从 2018 年 4 月开始，我们就提出开放金融业，现在银保监会也出台了一些最新决定，指出要继续开放金融业，且开放的幅度较大。这对在座的诸位都是有影响的。当前的金融行业会不会再出现局部泡沫破灭的现象？互联网金融或者中小金融机构将来到底会面临什么样的局势？做实体经济的企业以后贷款的利率会不会下降？这些都跟最近中国金融业的开放有关系。

我想问的第一个问题是，中国金融业到底能开放到什么程度？什么地方是不能开放的？

洪崎： 2018 年 4 月 10 日，习近平总书记在博鳌论坛上提到要对外开放服务业，尤其是把金融业的对外开放放在首位，且加大开放力度。这是内部需求和外部压力共同作用的结果。我作为一名金融人士，回想起 2001 年的对外开放，再想到今天的再次扩大开放，心理感受是不同的。

2001年，我们的确有一些茫然，无论是我们自身的实力、管理水平，还是我们对国外金融机构、国际市场的了解，都是不足的。虽然谈不上恐惧，但面对这么多不确定性因素，内心还是有一些担心的。

以前我们经常要出国学习，去很多外资银行学习他们先进的管理、理念和系统等。现在很多国内银行都没有再出去学习的动力了，只是面临具体事件的时候再有针对性地看看哪一家国外银行可以学习。现在金融业要对外开放，尤其是股权、业务范围等都要开放，我觉得这是一次机会。

叶檀： 我追问两个问题。第一，您心里害怕不害怕？

洪崎： 不怕，这是我们与国际更紧密合作的一个机遇。

叶檀： 第二，刚才您说很多金融机构都没有向国外学习的动力了，我们是不是真的没有可以向国外学习的地方了？

洪崎： 我觉得这是错误的。2008年次贷危机之后，国外的一些金融机构受到很大冲击，我们原来仰视的一些金融机构遇上金融危机也没能躲过去，于是有些人便质疑他们的管理水平。但实际上我们真不能夜郎自大，因为国外的金融机构不管是理念、管理，还是国际竞争水平，都超出我们很多。我们不能盲目地认为国内的金融机构比国外金融机构大就比人家强，人家拥有上百年的历史，而我们才一二十年，就能超过别人吗？实际上这只是规模的问题，并不代表实际竞争力。

现在我们要真正沉下心来做事，总结自己的经验，虚心向外资银行学习，真心实意地合作，让我们的金融机构在国际市场上有真正的竞争力。

> 现在我们要真正沉下心来做事，总结自己的经验，虚心向外资银行学习，真心实意地合作，让我们的金融机构在国际市场上有真正的竞争力。

叶檀：您觉得我们跟国外银行之间最大的差距在什么地方？

洪崎：首先，从整个金融结构来说，国内银行的效率相对较低，运营成本比较高。所以还有许多方面需要改革和开放，需要不断完善。

其次，从我们商业机构来说，在对客户的精准服务上，无论是理念，还是服务水平，与国外比还是有差距的。

叶檀：我想问宋敏教授，您认为中国金融真的会放开吗？会真的让外资来控股吗？比如人民币在存款这方面的优势，也会让外资银行来掌握吗？

宋敏：我比较同意洪董事长的意见。如果是产品市场的开放，那很容易达到内外一致，比如制造业。但金融开放属于服务业的开放，确实与所在国家的监管、文化、商业模式紧密相关。即使股权开放，很多外资银行进来以后还是有可能自动退出，因为他们无法适应我们的商业环境或者是政府的监管体制，这似乎是一种普遍现象，在其他国家也一样，服务业的开放并不像其他产品的开放一样简单。所以我认为即使现在我们真正地完全开放了，他们也很难在短期内占据中国市场。从中国加入WTO到现在，无论是外资银行、外资保险机构，还是证券公司，他们在中国金融市场所起的作用实际上非常小。

叶檀：对于金融机构的冲击不会太大？

宋敏：应该没那么大。因为是在我们的主战场来打这场"仗"，所以我们不用太担心。

还有一个可以佐证的例子就是中国香港。香港应该是更适合西方金融

机构进入的地方，但是现在香港的中资金融机构比例正逐渐上升，因为客户主要来自内地。所以在内地，我估计我们更有优势。

但是我也同意洪行长所讲的，实际上我们的金融机构与外资银行的互补性非常强，这些外资银行带来的东西正是我们所不具备的。我们金融机构规模很大，但在国外业务、"一带一路"建设投资的业务中，外资银行会比我们本土银行有更多优势。所以，通过开放，互相交流，国内金融机构的发展应该能达到更好的平衡。

叶檀： 在香港市场，内地金融机构越来越多，内地资金越来越多，在您看来，这是进步还是退步，是好事还是坏事？

宋敏： 这很难说。实际上中资金融机构除了它特殊的优势以外，它的成本也是比较低的。比如IPO（Initial Public Offerings，首次公开募股），美资或者欧资银行费用就很高，中资银行可以用一半甚至更低的费用做同样的事，只是服务可能没那么好，那你认为哪种模式好？中国的商业模式其实对西方的金融模式有很大冲击。

叶檀： 关于资本项目，对于普通人来说最为关注的其实是能不能办外币、能不能用外币投资，目前这方面管得比较严，今后会彻底放开吗？

宋敏：这是另外一个开放的方面。理论上来说，只有在资本开放比较有效的情况下，外资金融机构才能真正进来，这肯定是一个应该努力的方向。但是项目开放需要逐步开放，而且以自己为主，不能因为外面给了我们很大压力，就在这种压力下被动开放。另外在今天这个时点，也要把握好开放的时机，现在随着美国的升息和缩表，全球整体流动性存在着很大的问题，发展中国家一个个已经出现了问题，如果在这时候顶不住压力贸然开放，那么可能会面临很大的风险。

叶檀：接下来有请金先生。如果金融服务领域是部分开放，资本项下没开放，假如一家国外的投行到中国来投资，赚了很多钱，我们会不会担心钱出去的问题？

金海年：肯定有这个担心。外汇管理局在这方面具体的监管政策是，你进来投资的收益是可以拿回去的，但是如果要换成外币，可能会遇到一定的问题，所以还要具体问题具体分析。

前面洪总、宋院长提出的见解我都非常认可，但有一点我们可能没有太注意，就是我们老是担心开放以后对我们的冲击，但是现在出现了一个新的趋势——开放不对等。我们在开放，让外资进来，但很多国家已经开始关闭或者对中国投资进行限制，这个发展势头是相反的，一定要对等。其实，中国人不怕竞争。20世纪80年代，中国家电企业跟日本家电企业的差距远比现在国内外金融机构的差距大，但是开放后，家电业繁荣发展。相反，没有开放的行业，如汽车等，反而没有以前发展得好。长远来讲，开放对中国企业是有好处的。

叶檀：这个问题我想问问洪董事长，您在具体操作过程中是否碰到过这样的案例？

洪崎：这样的案例我遇到的太多了。2007年，民生银行在美国旧金山参股了一家美联银行，收购第二年就遇上了金融危机，2009年就倒闭了，我们1分钱都没收回来，全部打水漂了。那是一家为华人服务的银行，我们分三步收购，第一步占比4.9%，第二步占比9.9%，第三步占比19.9%。但是跟这家银行谈得差不多了以后，还要跟保险局、货币管理局和美联储三家谈。他们问为什么要来美国投资？我说我来学习。他们问学什么？我说美国市场化程度高、监管最严。他们很高兴，说可以，占比19.9%也可以获得两个董事席位，但是即使有两个董事席位也不能提反对意见，且必须写到合同里。换句话说，我们是没有否决权的。

叶檀：金融其实在任何一个市场都是有限度的，而且监管也会随着形势的变化而改变，有时严、有时松。假设中国现在开放的话，按照我们国家的监管程度和信用体制，到底能开放到什么程度？

洪崎：当时央行领导说的三项原则已经说得很清楚。第一项原则，实施准入前国民待遇加负面清单的管理制度。第二项原则，金融开放要跟汇率形成机制，资本项目的自由兑换要配套，共同推进。第三项原则，要跟监管能力配套。这几句话很有水平，完全回答了你的问题，你问开放到什么程度？就是共同推进。

叶檀：这确实已经把开放的尺度从理论上说得很清楚了，但是理论不等于实践，我们有可能在什么地方开放的尺度会比较大，在什么地方开放的尺度比较小？

金海年：我觉得在持股比例上完全有可能开放得比较大，但是监管标准还是由监管部门来定的。

叶檀：您觉得什么行业开放力度是比较大的？比如说股权开放，刚才说的具体的证券、期货、信托之类的哪个方面有可能？

金海年：实际上提的较多的，一个是银行，一个是证券公司、保险公司和资产管理公司。像资产管理公司，实际上它开放的力度还是挺大的，符合我们引进的方式。

叶檀：期货行业也会开放得很大吗？

金海年：期货在中国目前还没有特别大的市场。

我想补充一点，对于金融开放对实体经济可能产生的影响，我持相对乐观的看法。有竞争才会改善效率、改善服务的品质，我们都知道中国的实体经济面临融资难、融资贵的问题，如果有很多外资和中资一起加入到这个市场，未来实体经济的融资问题可能会出现一个更好的竞争态势。

叶檀：中泰信托的董事长吴总，您从事信托行业，您怎么看？

吴庆斌：谢谢叶老师。这次中央直接定调金融大开放，把股权全部放开，其实里面有很多内在逻辑。我琢磨这件事已经有几个月了，我的观点就是，这次是美国用商品关税的"大炮"敲开了中国金融市场的大门。

特朗普主要依靠加工制造业群体的支持和选票上台，如果他想稳定下来或者连任，他必须要拿下以华尔街为代表的"金融大鳄"，只有抓住金融，才能控制加工制造业、控制新兴经济和互联网。因此，他要给以华尔街为代表的"金融大鳄"输送利益。特朗普上台之后打关税战，他要的就是开放，核心就是敲开中国金融市场。

不知道大家是否注意到，这次的股权开放都是对外资金融机构开放，但不是对所有的外资开放。全美国能进到中国的大概也就20家金融机构，实际上这20家金融机构控制着美国的政治，只有首先把这些人的利益满足了，特朗普才能连任。

叶檀：蔡总，您怎么看？

蔡志坚：我认为，中国对外开放的风向是有节奏的。2017年，在达沃斯论坛，当习近平总书记谈到中国对外开放的时候，现场很多全球机构都非常激动，我旁边坐着谷歌的全球副总裁，他特别高兴。我认为，随着"一带一路"建设的推进，中国企业做强、做大，走出去或者引进来是一个整体的态势。

叶檀：您是怎么判断现在的香港地区市场？港币还会下跌吗？

蔡志坚：港币下跌是综合性因素的结果。在全球，香港可能是最有钱的自贸区之一，资金实力极度雄厚，目前维护香港的汇率或市场稳定是尤有余力的。另外，我非常同意洪董事长刚才所说的，中国的金融市场的准备程度跟原来已经不一样了，华尔街很多金融机构不要说到中国内地，

到香港都可能入不敷出，试水成功的可能性非常小，大部分都处在亏损状态。

叶檀：最近香港地区的房地产价格在下跌，香港房地产真的要逆转了？

蔡志坚：我觉得不会。现在不仅香港的居民在购买房子，而且很多内地人也在香港买房子，香港有很多外来的购买力量，所以我一点都不担心。

宋敏：我在香港待了20多年，对此我有一些不同的观点。我觉得香港的房价还有很大的调整空间。现在确实有很多内地资金进入香港房地产市场，但因为国内的经济本身也在转弱，治理在加紧，去香港的钱可能会比以前少。另外，美国的经济周期跟中国内地和中国香港的经济周期正好相反，所以实际上美国升息的周期已经开始了，从历史上来看，这两个周期不吻合的时候会对中国香港的房地产产生压力。

叶檀：宋老师说情况非常严重，吴总怎么看？

吴庆斌：中国金融市场的违约刚刚开始。中国的债券市场现在基本上处于冻结状态，没人投信用债，大家风声鹤唳。债券市场违约率只要维持在2%以内都是健康的，而我们的债券市场违约率大概只有8‰。

金海年：我们债券市场违约率为什么那么低？因为我们的债券市场中都是2A以上评级的企业债券，但美国的债券市场中不都是2A以上的，所以不能简单去比较。你拿篮球队员平均身高跟我们在场嘉宾的平均身高比肯定不具备可比性。

吴庆斌：这次国家降杠杆没问题，但是同时把资管新规推出来了，一个宏观政策加一个操作细则，这就比较麻烦。违约先从银行贷款开始，接着进入股票市场，然后进入私募市场，再进入公募市场，按道理债券市场应该是最后违约的，但这次正好倒置了，所以现在整体压力很大。

叶檀：吴总，能不能说说你们行业内部的具体情况？

吴庆斌：现在中国表外融资和表内融资各占一半，IPO基本冻结了。我记得四五年前大家谈"影子银行"时，我说"影子银行"就是中国宏观经济的缓冲垫，政策调节的一个缓冲期、调节器，国有银行说停就停，只有靠表外这块来平衡一下、缓冲一下。

信托行业整体规模约26万亿元，在金融资本行业里仅次于银行。对于信托行业，大家比较关注的是信托的不良问题、兑付问题。据相关协会统计，信托的不良率为0.96%，银行为2.3%~2.4%。如果从一个行业从业人员的角度来看，我觉得应该给我们信托行业的人鼓鼓掌，不管怎么样，我们还能刚兑，还能打掉牙往肚里咽。所以整个信托行业的风险可控。

叶檀：其实我蛮担心局部泡沫被捅破，美联储最近又说要降息。宋老师刚才说情况非常严重。

宋敏：美国资产现在泡沫比较大，通货膨胀也出现了，从货币政策判断，它肯定还要升息。美国中央银行是相对独立的，有自己的逻辑，再加上资产泡沫、通货膨胀，所以肯定是要调整的。

叶檀：美联储如果继续加息，首先新兴市场会崩盘，对中国的压力非常大，然后会怎么样？

金海年：我觉得倒是没有那么严重，美联储加息也是逐步的，而且美联储会定期开会，根据实际情况做调整，所以不会产生这种断崖式的下跌。

叶檀：洪总，您怎么看？

洪崎：美联储一定是要加息的，但是加息以后显然对新兴市场的打击很大，实际上它是一个"剪羊毛"的行为。对于中国来说，好在汇率方面能够平掉一点，另外中国资本项下并没有开放，所以对中国的影响可能不是那么大，但是对进出口方面的影响还是蛮大的。

金海年：美联储加息实际上对美国也有自身的影响。现在特朗普实际上希望美元贬值，他跟美联储的意见是相左的。他最大的风险在于财政，因为美国财政赤字在不断增加，美国的财政是有一个上限的，如果碰触上限又会遇到财政危机，这对他的任职会产生影响。这是一个风险点。

叶檀：金融大开放、金融严监管，现在处于一个金融"寒冬"的时代。说实话，现在像房地产这种资产在有的城市已经不太好卖了。

金海年：中国转型内外都有挑战，取决于我们怎么做，如果我们的应对是正确的，这就不是危机，危就会转为机；如果没有应对，或者应对不正确，就会产生问题。我觉得以中国领导人的智慧，以我们企业家的精神和智慧是可以应对得很好的。

叶檀：对于未来5~10年，洪总您是怎么判断的？

洪崎：5年后，我们的GDP能保持6%就很不错了，这已经是很乐观的判断了，10年后保持4%~5%是没有问题的。

叶檀：最后，我总结一下。第一，金融肯定开放；第二，金融开放对中国不会造成太大影响；第三，现有的影响已经造成了，跟金融开放没有太大关系；第四，有很多好企业也进入寒冬，我们要找到好的企业，给他们披一件棉衣，大家一起度过寒冬。

中国企业"新国际化"

"中兴事件"余波未平。中国企业国际化如何尊重和适应被投资国的法律？如何走出在国内的惯常行为？法律之外，中国企业的"新国际化"，还需要哪些其他自觉行为？南昌在"中国芯"的产业化上底气十足，本次夏季峰会我们将从电子信息这个关键产业的个案中，探究全球化背景下中国经济的优与劣。

在 2018 年亚布力论坛夏季高峰会上，德龙控股有限公司董事局主席丁立国，黑石集团大中华区主席张利平，猎豹移动董事长兼首席执行官傅盛，怡和控股有限公司董事＆怡和（中国）有限公司主席许立庆，南非钻石集团董事长陈达冰，尚乘集团全球资讯委员副主席、瓴睿资本集团首席执行官容显文，围绕"中国企业'新国际化'"这一话题进行了深入探讨，《第一财经日报》副总编辑杨燕青担任本场论坛的主持人。

杨燕青：在过去的一二十年里，中国企业国际化一直是一个非常重大的话题。中国的国际化，其实是从加入WTO开始的。也正是这几十年的国际化发展，中国一跃成为全球第一制造业大国和第二大全球经济体。在这样的大背景下，中国企业国际化这个核心话题又重新展开了。

但这几年中国企业在国际化进程中也经历了较多波折。我们来看数据就非常清楚了。2014年，中国成为全球最大的FDI（Foreign Direct Investment，外商直接投资）目的国，全球对中国的投资第一次超过了对美国的投资。同时，2014年中国ODI（Outbound Direct Investment，

对外直接投资）达到了1160亿美元，第一次位列全球第三，这是中国的ODI第一次如此接近中国的FDI。以前都是全球的钱投资到中国来，但是2014年中国的钱投资到全球的上升幅度非常快。这是历史上一个非常重要的节点。

2015年、2016年后中国发生了股灾，人民币汇率在经历较大改革后，市场出现了较大波动，中国企业的对外投资也受到了一定的影响，值得庆幸的是：大的数据没有发生特别大的变化。2016年数据显示，中国ODI达到了1961.5亿美元，达到了全球第二，这是中国历史上第一次达到这么高的位次。

2016年，因为汇率、中国外汇储备的缘故，中国在资本项下开始采取了一些管理措施，从国家发改委到国家外汇管理局等相关部门都有很多管理政策出台，因此2017年相关数据开始有了比较大的变化，而2018年基本延续的都是2017年的数据，2018年1-7月的数据显示，中国对外投资额是652.7亿美元，还不到2016年的一小半。

在国际化大背景的一系列变化下，中国企业的对外投资也发生了一些变化。过去中国的很多企业非常高调地在海外开展房地产、体育和娱乐等项目的收购，但从2018年开始，中国的对外投资主要集中在金融租赁、制造业、采矿业、批发业和零售业等产业上，中国企业对外投资的产业格局发生了非常大的变化。

尤其是2017年党的十九大和2018年"两会"之后，国内迎来了一些发展思路的改变和经济上的挑战。与此同时，全球对中国的态度也发生了改变，美国对中国的投资政策发生了翻天覆地的变化，贸易摩擦成为中国当下的重要话题。如果说过去我们的发展趋势是渐进的，那么在2018年将会发生结构性改变。中国对美国的投资更多地被认为与国家安全有关，中国在美国的很多数据也发生了非常大的变化。虽然中国在欧洲的投资，相对比美国的要好些，但欧洲各国也出台了不同的退税政策，对中国的态度也发生了很大变化。

中国"一带一路"倡议在过去几年的优势在于有较多投资，然而从2017年开始，全球尤其是发达国家出现了一些指责中国的声音，认为中国"一带一路"的投资是在加剧全球债务。他们认为，中国虽然帮助这些"一带一路"国家，给他们的项目投资和贷款，但如果这些国家最后还不起贷款，就会变成对中国的债务或者中国成为这些企业的股东。我认为，这其中其实有很多误会，但这对中国也是一个挑战。

过去这段时间，中国经历了贸易摩擦，中国很多企业尤其是科技领域的企业遇到了一些较大的挑战。随着中国全球地位的提高，随之而来的是全球对中国态度的改变，这对中国和中国企业都是一项挑战。

请各位嘉宾结合各自的企业经历和见解谈谈中国企业"新国际化"的现状和趋势。

张利平：近10年来，中国企业国际化一个非常显著的表现就是进行海外收购。我本身在做投资，也经手了很多中国大型企业在海外收购的案子，我能很直观地感觉到，中国企业在近10年来进行海外收购和投资是非常活跃的。2016年，中国企业的海外收购达到了最高峰，总量超过2000亿美元，2017年开始急剧下降，2018年这个数据可能还会进一步往下走。这其中有两个因素：一个是外因，另一个是内因。内因主要是外汇储备、外汇控制等因素；外因主要是近年来特别是2018年，欧美国家针对或非针对中国企业在监管方面进行的改革措施。美国在2018年8月出台了《出口

控制法》，进一步加强了在美国投资的审查过程；英国在2018年7月出台了一个类似于控制海外收购的立法；欧盟在2018年7月也改革了海外企业在欧盟国家收购方面的一些审查或控制措施。由于海外的收紧和国内的外汇管制，2018年中国企业在海外收购总量肯定会下降。

近10年来，中国企业在海外的收购主要呈现三大类。第一类是战略性投资，既能扩展全球市场，借鉴国外的先进管理经验，还能利用国内资源进行非常效应的横向战略性收购。第二类是财务性收购，很多企业到海外不一定是控股性的收购，也有一些是小股权的收购。第三类是资产收购。

企业的海外收购，虽然受国内外因素的影响短期内可能是下降的，但长期来看，中国的企业已经融入全球化进程中，中国企业的海外收购还会回暖上升，再次回到高位。那么中国企业的海外收购，特别是近期的一系列收购，应该注意哪些问题呢？

第一，在目前国际和国内环境监管政策严紧的大趋势下，企业进行海外收购需要特别注意一些合同风险和法律风险，比如，在早期签订合同时，需要加入一些保护性的合同条款等。

第二，中国企业要在收购早期就聘请当地和国内的律师和顾问专家，对收购项目、标的公司开展调查，进行评估并判断风险。

第三，我要特别强调收购后的策略。目前中国很多企业在海外的大型收购都花了很多钱，但收购以后不怎么管理，很多项目都出现了问题。这也是中国企业海外收购面临的最大问题。另外，就是我刚才提到的风险问题。中国企业原来想要通过收购或投资外国企业来借鉴经验，但董事的席位很多，中国企业家即使花了钱，在重大决策和策略改变时说话可能也不算数，那时再想退出损失会很大。售后管理和收购之前的风险判断是相辅相成的。

杨燕青：刚才您也提到了2016年是中国企业国际化的一个高峰，而2018年的相关数据很显然是呈下滑趋势的，而中国的海外投资经过一个长期阶段还会回暖上升，那么这个"长期"您认为是多久？

张利平：具体时间很难回答，首先，取决于目前中国和以美国为首的西方国家之间关系的调和，要看双方博弈的过程。其次，我之所以强调中国企业要去海外收购好的企业，认为战略性的收购一定会维持且随着时间的推移一定会回到高位，是因为作为全球第二大经济体，中国和世界市场的相互依赖关系会越来越紧密，这是历史潮流走向的结果。

杨燕青：非常感谢张总。下面有请陈达冰先生。

陈达冰：谢谢大家。我在非洲工作和生活了30年，1984年第一次到非洲后，就热爱上了这片热土。在过去的30里，我走遍了非洲的主要国家。

最初，我们刚到非洲时，有些穷的地区人们连裤子都没得穿。后来我们发现要赚钱就要改变他们，没有裤子穿就给他们穿裤子，没有鞋子穿就给他们穿鞋子，刚到非洲的时候我什么生意都做过。

中国和非洲的交往从唐代一位叫杜环的人就开始了，他写了一本书叫《经行记》，正是因为这样的渊源，我们还成立了一家专门做与非洲业务有关的会展公司——杜环会展。

中国最早的世界地图，是1389年绘制的《大明混一图》，现珍藏在北京故宫博物院。该图将非洲地区描绘得很详细、也很规整，图上已经标注了东非的维多利亚湖和南非的奥兰治河。维多利亚湖在肯尼亚和坦桑尼亚之间，有五个国家围着它，在非洲非常有名。大家想一下，如果1389年这幅大约12平方米的地图上都绘制了奥兰治河和维多利亚湖，而按照当时的手工绘制最少需要5年时间，也就说明至少在1389年的5年之前就已经有中国人到达了非洲，并对非洲进行了测量。因此，从历史角度来看，中国人和非洲的接触远远先于西方。葡萄牙航海家迪亚士发现非洲大陆好望角比我们晚了二百年。2000年，中国专门把《大明混一图》的非洲部分按原图同等尺寸复制，那幅复制图现在悬挂在南非国会议会中。还有一个时间节点是1421年。1421年，郑和开始下西洋，沿着海上"丝绸之路"到达了桑迪巴尔，从历史的角度再次证明，中国人和非洲人的接触时间是相当长的。

1949年中华人民共和国成立以后，也正是民主解放和斗争席卷非洲大陆的时候，中国在自己也很穷的时候支持了非洲很多国家，给非洲做了很多援建，也给我们新的海上"丝绸之路"埋下了一个火种。其实中国对非洲的援助不是白白给钱，而是把我们的项目带进去。亚布力论坛的企业家中就有不少人在非洲投资项目，其实现在是一个非常好的投资时机。

容显文：我从事金融行业30年，参与了不同的中国企业海外收购项目。根据过去的经验，我总结了三个重点。

第一，是战略性问题，即收购的目的是什么，和我们的企业达到了怎样的"协同效应"，要明确定位是什么。目前中国有些企业在海外的拓展非常成功。比如，小米在印度和印尼的手机业务拓展速度就非常快，也由于定位明确，产品在当地的知名度很高。华为在海外的扩展也非常好。

第二，那些不成功的例子，问题就出在没有做足尽职调查上，没有进行全面的合规、法律、文化等很多方面的风险评估。很多中国企业没有看清楚对方与中国的文化差别，对他们的工作方式、价值观、生活习惯、行为习惯都不了解，只是一味地沿用国内的思路方式确保对方接受中国的管理。

第三，人才方面，国内企业在海外收购方面都很重视"一把手"，通常会把"一把手"送到海外去管理团队，却没有真正理解海外管理团队当

地本土化的重要性。而企业的成功要依赖当地的团队，单靠"一把手"的能力往往无法在短期内完全解决整合中遇到的困难。

杨燕青：中国企业在海外收购的成功率大概是多少？

容显文：如果单纯从财务收购方面来看，成功率较低；而从战略收购层面来看，做好战略准备、尽职调查和人力资源，成功率就会比较高。

杨燕青：陈总，在非洲的收购，成功与不成功的比例大概是怎样的？

陈达冰：中国企业在非洲进行收购，不论是国有企业还是民营企业，成功率都在80%以上。举个例子，2007年中国工商银行以67亿美元收购了南非标准银行20%的股份。今天早上我们还在探讨，中国工商银行对南非标准银行的收购究竟算不算一个成功的案例。在我看来，标准银行是非洲第一大银行，中国工商银行通过收购控股，一步到位进入了整个非洲市场，这对以后去非洲投资的企业起到了一个典范作用，是一个非常成功的模式，我认为这是一次非常成功的战略性投资。

杨燕青：最近大家对金融科技都非常关心。最近国内有很多P2P"爆雷"，经过了草蟒发展时期，目前甚至进入了一个极其动荡的低谷，而区块链的治理也刚刚开始。金融科技忽然一度成了一个特别光辉耀眼的名字，却又成了一个现在大家都不敢提的名字。我想请容总谈谈您关于金融科技的看法。

容显文：金融科技在本质上对经济社会的发展是非常有帮助的。在西方社会，金融科技是非常大的推动力。在中国，金融科技往往被认为是和P2P、ICO（Initial Coin Offering，首次币发行）等一些大家认为的比较负面的融资行为有关。金融科技在各方面对中国经济的发展起到了很好的推动作用。其实，美国的P2P早于中国成立，而美国之所以成效非常好，是因为比较注重道德风险且较规范。美国有透明的信贷模式，每个人的信贷库里有信用卡的历史，而中国却没有，因此我认为中国也可以创造一个信用库。另外，中国的投资者有时候比较盲目，会出现单纯通过谈收益率来判断哪个公司好的情况，这其实也是过去银行的理财产品遗留的后遗症。

杨燕青：非常感谢容总。许总是金融行业特别资深的投资者和专家，下面有请许总。

许立庆：其实所有的投资、咨询公司在中国企业国际化中都扮演着非常重要的角色。国内的金融业应该趁着现在这个时机到国外发展。因为现在的很多投资基本上还是依靠国际的资本集团，但很多所谓的国际金融机构对国内情况并不了解。没有一流的资本市场是支持不了一流的经济发展的，因为资金成本是投资很重要的一部分。

首先，2016年中国对外投资虽然很多，但通过国内金融企业接入的其实很少，大多都是通过国际接入。国内企业原本是希望他们起到一个桥梁作用，但如果没有找到了解国内情况的公司或人，失败的概率就会很大。以我过去的经验，失败率会超过一半。因此，投资是谁介绍的就变得很重要，而且不是介绍完了就结束了，更要仔细地评估法律等各方面的风险。

第二，资本市场不存在智慧财产问题，从来没听说金融业有谁在打智慧财产官司，因为金融业不可以申请专利。如果金融科技可以申请专利，也就不会牵扯智慧财产问题，这样我们到国外去扩充收购也不会那么敏感，让对方以为我们是想偷他们的技术。

第三，金融业和其他行业不一样，有其独有的特点：其他行业的劳动力成本是10%~20%，而金融业高达70%甚至80%，尤其是投行这个版块。因此要好好对待人才，加强人才的培养与训练。

另外，我认为金融不仅要走出去，而且国外的也要到中国来，这才是对等的。

中国四大银行都有分行，每个银行都至少有一万家分行。中国的银行如果能够走出去，那么以后中国企业到了国外，中国的银行就可以服务自己的企业。毕竟中国的银行对中国的企业更熟悉，知道企业更需要什么、究竟有没有实力。

在对外投资方面，我认同张利平的观点，即对外战略投资一定会回暖，我们要做的就是利用这个机会，把我们的平台先建立起来。

杨燕青：下面请傅盛总给我们分享一下他的看法和想法。

傅盛：中国企业国际化是一个历史必然。其实在所有运营效率成熟的产业里，美国公司从来就没有打赢过亚洲公司，不管是最初的日本，还是后来的韩国。在一个效率驱动型的产业里，美国公司的运营效率其实是远不如亚洲公司的。

2012年，我们拜访了硅谷的很多创业者和创业公司，还专门去谷歌看美国企业排行榜。我们发现，美国软件其实做得很差。因为他们的人力资源有限，聪明的脑袋也是有限的，他们很多优秀的人才都从事了航空、火箭、新能源车和医疗等产业。因此，2012年我们决定全球化，到2018年全球已经有接近6亿的用户，且80%都是海外用户，比较幸运的是，我们抓住了欧美互联网大增长的时机。现在，我们在美国孕育了Live.me直播平台，成为一家全美独立的第三方直播平台。

以前企业国际化，是先渠道化再国际化，即要先在本地建立渠道、招人、选择办公地点，然后才考虑国际化。但在移动互联网时代，一个国家的企业能够国际化，是因为整个国家的生产力水平要外溢。

读商业史，我发现日本的三洋和松下的商业竞争对我很有启发，我们当时在国内也和360"打"过，后来就干脆转战做海外市场，因为我认为中国移动互联网国际化是一个必然。今天日本最大的收费游戏是网易的《荒野行动》，但这款游戏在中国并没有打过腾讯的《吃鸡》。海外的游

戏一定是猎豹发展过程中一个强有力的增长点。

全球化不仅是投资全球化，更多的是实业全球化，而投资只是一种配合手段。虽然最开始我们在海外做的产品、买的公司全都失败了，但后来我们发现这样做是对的，因为把他们并购过来也能让我们加强对世界的了解。我们之所以能在中国台湾招聘到最优秀的人，是因为台湾已经融入互联网时代了。我们在美国设立了研发中心，就需要考虑一个问题，那就是究竟讲中文还是讲英文，如果讲英文，那么很多人的英文水平可能不够；如果讲中文，那么外国员工就很难融入进来，这就是管理方式的问题。

另外，企业国际化还应该做一些培训和细化，当时我们到了美国和欧盟国家以后，找了一家律师事务所做培训，培训后才发现国外的法规与中国完全不同，且非常严格。因此，企业国际化要站在对方的角度相互理解。

杨燕青：猎豹在AI领域有很多投资，也做了机器人。

傅盛：华为当年坚持国际化，事实证明，这是一个正确的选择。有一次，我见华为的余承东，他说国际化给华为打开的不是收入之门，而是全球化的视野和思维，让华为知道机会在哪里。我们在美国投了一些早期基金，也经常和创业者沟通，而美国总能找到下一个大的行业拐角，然后兴起一个新的行业，今天这样的趋势依然存在。基于此，我发现AI领域将会成为继移动互联网之后的下一个大风口。

> 国际化给华为打开的不是收入之门，而是全球化的视野和思维，让华为知道机会在哪里。

杨燕青：刚才傅总提到投资要全球化，金融要全球化，实业也要全球化。下面请丁立国先生讲讲实业的全球化。

丁立国：德龙控股与本场论坛的主题"服务世界的能力——中国企业新国际化"是有些契合的，其实服务的世界能力和国际化是对应的。

德龙控股一路辛酸，到今天还在坚守。2005年，我们到新加坡上市，如今十几年过去了，不得不说新加坡的融资条件非常差。我们当初上市的选择，在今天看来，其实不算成功。

在2008年金融危机爆发之前，我们也出现了资源紧张的状况，于是在全球范围内考察矿产，也去过非洲。从2008年金融危机到2010年，中国启动了4万亿元投资计划，导致很多产业产能过剩，钢铁行业也不例外，这是内忧。外困就是出口受到很多限制。比如，必须要到第三方国家生产然后卖到其他国家，或者是在哪个国家生产就必须在当地销售等。

基于这样的背景，我们在2010年成立了海外部之后就对欧洲、美洲、非洲和亚洲等进行了考察，最后选择了东南亚。因为我投资过柬埔寨和缅甸的光纤业务，对东南亚国家比较熟悉。后来选择了马来西亚和泰国。因为在整个东南亚，马来西亚和泰国的商业环境相对而言更好一些。在泰国建厂后，2016年中国针对全球开始去产能，钢铁行业极其受影响，今天看来，我们对泰国的投资其实是一个失败的案例。

关于国际化，我有三点建议。

第一，是融资问题。"一带一路"倡议是国家战略，不仅要资金走出去、人才走出去，而且物资也要走出去。目前国内很多金融企业对制造业的做法是违背"中国企业走出去"这一大战略的。

第二，企业应该组团走出去。目前走出去的企业都分布在各行各业，

无法形成一个完整的产业链，如果整条产业链的企业一起组团走出去，就能将国内优势和当地优势充分整合并发挥出来。

第三，现在国家也在关注并设立了保障投资安全和员工安全的专门机构。我们在泰国投资也吃过这样的亏。企业在"走出去"的过程中，还要增强自身的安全防范意识和能力。

从2005年上市到2010年走出去，德龙一直在尝试、一直在摸索，也一直在坚守，这也是我们的企业家精神。

张利平：关于"服务世界的能力——中国企业新国际化"关于"中兴事件"，我想再简单地讲一些我的体会。我认为，在企业国际化中最重要的是如何适应和尊重世界的"游戏规则"和标准。其实我认为"中兴事件"，主要是国际规则的碰撞，大家要从这个高度去思考这个问题。

杨燕青：中国有机会建立另一套"游戏规则"吗?

张利平：每个国家都可以作为"游戏规则"的制造者，但是你制造的这套"游戏规则"，必须要得到所有国家或者是绝大多数国家的尊重和执行。

我们要吸取教训，全球化是相互依赖的，即使没人监督，也要按照

"游戏规则"来自我约束。中国在知识产权方面，也就是"游戏规则"和标准方面是最敏感的，中国需要有服务全世界的能力，也要逐渐提高这个标准。中国企业要国际化，首先最重要的就是适应、遵循和尊重国际"游戏规则"和标准。

杨燕青：最后请每位嘉宾用一句话概括中国企业"新国际化"。

陈达冰：就非洲而言，我认为中国对外投资会不断加强，而且国际化会为中国带来丰厚的利润。现在只有中国的企业家，可以对非洲赋能，可以做到国际化，且能够做出自己的一套模式来。

容显文：其实我对中国在全球的服务能力是非常乐观的，因为中国本来就有能力和能量去改变和服务世界。

许立庆：我们常说："己所不欲，勿施于人。"欧美的做法其实是"己所不欲施于人"，如果能做到"己所不欲，勿施于人"，那么问题就会少很多。

傅盛：中国的全球化是必然的。

丁立国：2018年是中国改革开放40周年，40年来中国包括我们在座的所有人在全球化和国际化进程中获利，其中很重要的原因就是国际化是大势所趋，这是不可逆的。未来，我们要加大走出去的力度，顺着"一带一路"倡议或者国际化路径，把中国的服务能力展示给全世界。

杨燕青：非常感谢各位嘉宾，我们这场论坛到此结束，谢谢大家。

资本风口上的大健康

创新和资本是大健康行业的驱动力。云计算、大数据、物联网、数字影像、VR（Virtual Reality，虚拟现实技术）/AR（Augmented Reality，增强现实技术）、智能机器人、3D（3 Dimensions，三维、立体）打印已渗透到产业的各个环节；与此同时，资本加速流入，投资量级攀升、新IPO故事层出不穷。智慧医疗、精准医疗、医疗服务与管理、新药研发、生物制药等，资本的偏好是什么？蓝海和红海分别在哪里？如何避开泡沫找到精准标的？大健康企业该如何理性面对资本，并运用资本的力量健康发展？资本与企业应保持何种合作模式，从而实现双赢？

在2018年亚布力论坛夏季高峰会上，神州数码控股有限公司董事局主席郭为、九州通医药集团股份有限公司副董事长刘兆年、上海建信股权投资管理有限公司总裁苑全红、仁和（集团）发展有限公司董事长杨文龙、歌礼生物董事长吴劲梓、春雨医生CEO张琨就"资本与大健康"这一话题进行了深入探讨。元明资本创始合伙人，亚布力论坛创始人、主席田源主持了本场论坛。

田源：大健康论坛历来都是最受欢迎的分论坛之一，每次我们也都能邀请到一些大健康领域标志性的、领袖级的企业和企业家来到现场。2018年大健康分论坛主要是讨论资本和大健康的关系，主要从投资和大健康发展的角度来探讨。各位嘉宾都是行业领袖，请各位根据这个题目将自己的洞见和"干货"向大家做一个分享。

首先有请郭总。

郭为：谢谢田总。其实这个题目本来离我们很远，我们是做数据的，但是我们在做数据的过程中发现，其实大健康这件事离我们很近。

什么叫大数据？大数据就是在虚拟环境下去还原一个系统，在还原系统的过程中发现这个系统的特征或规律，并利用这些特征和规律改变现实生活。我想这就是大数据的一个本质。

大数据为什么会和健康有关系呢？其实我们今天在讲智慧城市、大数据时是离不开人的，因为人是城市中最重要的因素。离不开人就意味着我们要获得人的一些数据，人的什么数据最有价值？首先是最有价值、最容易变现的信用数据。第二个就是老百姓最关心的健康数据。事实上，治病、制药甚至保险，都是利用数据、模型在进行。在现实中怎样对一个人、一个系统进行全面的观测和数据采集，从而服务于人本身，这就是我们在做的健康大数据的工作。

我们怎么进入这个领域的？当时我们给一些区域做区域医疗卫生方面的服务，因为我们有大数据采集、管理技术，通过这些技术从管理上为区

域的卫生医疗提供帮助。我们有一些中国知名的医学者朋友，他们在从医学进入数据科学的时候，因为不是专业做这方面工作的，所以出现了专业上的鸿沟，希望我们提供一些支持。在这过程中，我们开始联合做课题。我们最早从肿瘤，如中国的常见病食道癌项目等开始做起，坚持做了六七年，终于取得了非常大的成功。我们发现，数据对于治病能产生非常大的帮助。其实，我认为如果真正从医疗的角度来讲，泛泛的数据并没有多大的价值，而某种疾病的数据可能更有价值。所以我们开始专门研究探讨如何获取肿瘤、罕见病等这些疾病的数据。

由于我们有科研技术，国家卫计委给予我们一个授权，希望我们将中国的肿瘤大数据进行统一存储和管理。后来国家体育总局及很多相关部门希望我们把这种模式推而广之。

我们认为从数据采集的角度来讲，把一个人从早上醒来到结束一天的工作，乃至睡觉的数据、从在胎儿期到去世的数据，都收集起来，把人整个的一生和数据结合起来，可能会产生很大价值，因此我们想在这方面做一些探索。但是我们不懂医疗，只能通过数据的方式来做。

由于掌握了数据技术，我们和全球最顶尖的科学家建立了联系，进行合作。比如，剑桥大学肯·杰尼卡这样的研究机构，它主要做全球罕见病、肿瘤的知识图谱工作，即将关于这些疾病的科学论文转化成可认知的知识图谱，这也是英国卫生部非常支持的一个项目。合作伙伴非常喜欢我们，因为可能别人去做计算需要一个月甚至更长的时间，而我们在迅速优化、迭代之后计算时间大幅缩短。我们在复旦儿科的项目，按照传统的计算需要两年时间才能将疾病诊断出来，但那就失去了医学的意义，但是经我们优化后，30分钟就可以计算出来，从而可以直接进入辅助诊断阶段。我们就是在发挥自身的优势来一步步深入。

最后，我们希望将来各个环节都可以进行计算，为此我们也单独成立了一个公司，专门做医疗健康。飞利浦看到我们的技术后，也愿意与我们一起合作。飞利浦本身就在图像立体还原方面做得最好，但还原之后如何进行人工智能和大数据的运算？我们就在这方面进行合作，推出了"神飞云"影像云平台。其实我们就是给各个行业赋能。

我希望通过参加这个论坛向大家学习，看看有哪些想法能够让我们借鉴，此外希望能发掘与大家合作的机会，共同做某些方面的药物研究。我们希望能从数据上为加速药物进入临床提供全方位支持。怎么做呢？我们在档案里提取有价值的病例、病人，然后跟踪，系统、分布式地去做数据的验证，使得药物能够尽快上市。

田源：谢谢郭总，郭总比较谦虚。在中国健康大数据方面，神州数码是走在较前沿的。他们现在追求的一个方向是通过国家癌症中心的授权，把中国所有肿瘤病人的大数据全部汇集起来。但现在还没有完全覆盖，还正在进行中。现在中国有两千多万名肿瘤病人，每年新增四百多万人，大量数据都会汇集到神州医疗平台上，这个平台未来对于这些数据的运营，对于疾病、制药、研发，包括智能医疗，都会发挥非常大的作用。

下面有请吴总。吴总是科学家、博士，拥有20多年的新药研发经验。公司前段时间在香港上市。大家知道，香港IPO有两方面的新政，第一是同股不同权；第二就是允许未有盈利或收入的生物科技公司上市。歌礼生物是港股第一家未有盈利的生物科技上市公司，请吴总为大家讲讲来自香港市场的最新消息。

吴劲梓：刚才郭总讲到大数据，我们做创新药，数据非常重要。一种药从早期的靶点研究，到临床毒理，到临床一期、二期，再到上市应用，数据绝对有指导性作用，所以我们虽不同行，但实际上有很多需要协作和合作的地方。

我很早就出国了，出国后在美国跨国公司工作，后来回国创业，当时就想中国的生物医药如果要和欧美竞争，一定要创新。今天看来，中国的生物医药技术比美国还要落后10年，但今天我们有资本市场的支持，有这么多创新人员的共同努力，再加上大数据，我相信5~10年内中国一定会涌现出生物医药世界500强企业，像美国的吉利德、基因泰克等，但是如果没有创新我们一定做不了。

歌礼生物是一家专注于抗病毒药物研发的制药公司，覆盖领域为抗丙肝、抗乙肝和抗艾滋病，与公共卫生有关。在公共卫生领域，一定要有自己的原研技术，如果没有，现在或者将来就会被别人卡了脖子。

慢性丙型肝炎是我们主攻领域之一。中国有2500万名慢性丙型肝炎患者，化妆、美容、纹身、体检、洗牙都是丙肝传染的重要途径。如果没有疫苗，这就是一个重大的公共卫生问题。美国吉利德公司研发出一款新药，用药12周便可达到94%的治愈率，但该药售价为53万元人民币。如果哪天美国不让中国进口这种药，那中国的公共卫生体系就没办法解决丙肝的问题。

2018年6月8日，我们第一款治愈丙型肝炎的药被国家药监局批准上市。目前已正式销售两个月，治愈率为97%。我们第二款慢性丙型肝炎药将在2019年年初上市，用药12周就可达到99%的治愈率。有了这两款新药，中国2500万名慢性丙型肝炎患者就可以痊愈。据我所知，在制药史上还没有一种重大疾病仅用药短短84天就可以几乎百分之百得到治愈。所以我们现在的目标就是和各界合作，希望在2030年把中国的慢性丙肝问题彻底清除。这是一个重大的公共卫生问题，在这个问题上，必然需要中国本土企业有创新能力，没有创新能力、没有好药就解决不了这个问题。当时吉利德的药在美国上市，美国做了一项预算，把美国几百万病人治愈需要用掉他们一年的国防经费，现在我们的药价还不到吉利德的1/10，这大大增强了我们解决公共卫生问题的能力。

做创新药一定要有创新。 10年磨一剑，一个药研发5年，拿到了一个临床批件，大家都很高兴。但拿到临床批件还要做一期、二期。即使拿到了这张纸，我们仍有92%的失败可能性，只有8%的成功率，这时候确实需要资本市场的支持，需要容忍我们的失败，容忍没有收入的公司上市。我们希望通过跟资本市场结合、跟大数据结合，来帮助国家、帮助人类解决重大公共卫生问题，达到2030年在中国乃至全球清除慢性丙型肝炎的目标。

> 即使拿到了临床批件，我们仍有92%的失败可能性，只有8%的成功率，这时候确实需要资本市场的支持，需要容忍我们的失败，容忍没有收入的公司上市。

还有其他疾病领域，比如脂肪肝。现在中国15%的人患不同程度的脂肪肝，这也是一个重大公共卫生问题，我们也正在这方面做更多的研究。

田源：这些年我一直投资生物医药，药物创新的失败率很高，这是一个"九死一生"的行业。吴总就是在九死一生的行业中开发出了治疗丙肝的药，且以较低的价格、可支付得起的价格来满足患者的需要。我们应该给他一个特别热烈的掌声。既然说到新药，下面有请苑总。

苑全红：我们这个基金主要投资生物医药中的创新药，从2010年到现在累计投了30家企业，其中已经有三四家做出了创新药。这些新药上市以后，在中国的定价也考虑到了患者的支付能力，相对较合理，其中两个品种还进入了国家基本医疗保险的报销目录，国家可负担百分之八九十的费用。

现在在肿瘤、抗病毒领域等重大疾病方面，我们还面临着重大挑战，比如乙肝。乙肝在中国的发病率是全世界最高的，且很多人在乙肝后期会发展成肝硬化、肝癌，在中国的肝癌患者中，可能超过一半都是由乙肝引起的。在目前自身免疫疾病中，有很多其实并没有药。我们主要就围绕这方面来进行投资，针对重大疾病，跟一些科学家合作研发创新药物。在这个过程中，我们确实感受到，这几年中国环境越来越好。中国新药审评审批制度的改革在过去3年中进步非常大，特别是在新药研发上，跟美国、欧洲、日本这些制药发达的国家越来越接近。

但同时中国也暴露出了一些现有的问题，如"假疫苗事件"，这是监管问题。我个人判断，鉴于这件事，未来中国制药行业在生产、监管上可

能还会有较大的变革。但这个变革的结果对中国制药产业、对广大老百姓而言都是好事。因为，一是新药不断出来，国家通过医保或者商业保险能够覆盖药品费用；二是对于仿制药物，通过严格监管、提高标准，质量更有保证。

对于这个行业最近暴露出来的这么多问题，我觉得这是一个发展阶段的问题。对此，我有很深的感触。2018年8月初，我在香港跟一些医疗健康领域较大的基金接触，其中有一家叫KPCB（Kleiner Perkins Caufield & Byers）的公司，是美国最大的风险基金。在他们的投资组合里，医疗健康领域大约有2400亿美元的仓位，我感到非常意外，问他们为什么在医疗健康领域配置得这么高？他们说，我们没有配置得高或者低，我们是平均配置。也就是说，目前在发达的资本市场中，医疗健康领域的股票市值所占比例大概就是这个水平。目前中国A股资本市场医疗健康产业所有的公司加起来市值不到3万亿元，占A股总市值仅4%~5%。

未来大健康行业竞争会越来越激烈，市场会越来越规范，标准会越来越高。在当前阶段，企业家所面临的挑战很大，创新风险也很大。但我认为市场空间非常大，机会也较多。

在这过程中，要推动行业生态建设，除了政府提供环境外，关键还是要靠企业家自身。所以我们投资了这么多企业，在跟企业家交流的时候，非常看重的一点就是一定要做有价值的事情，要做出一个对病人有价值的药，解决病人的疾病问题，我认为这是最核心的问题。有了这个基础，企业才能站得稳，才能实现可持续发展。

田源：大健康产业有很多不同的板块和领域，我和苑总都属于新药研发。但是其实中国更多的是药厂，目前中国约有六千家药厂，它们是我国药品生产的主力。杨总企业是做药品生产的，下面有请杨总。

杨文龙：我先介绍一下仁和。仁和位于江西樟树，属于传统产业。仁和成立于2000年，至今始终只做了一件事——OTC（Over The Counter，非处方药）产业。我们企业主要做药品制造、销售业务。现在有40万家药店，二十多家工厂，有药厂、保健品厂、化妆品厂等，只要涉及健康领域的厂我们都有，只要老百姓有需求我们就制造。我们有两万多名销售人员遍布全国各地。

2005年以前，仁和做的是药品推销，即把药品卖到医药公司，通过医药公司卖到全国的终端公司。2005年以后我们做的是营销。这是一种终端控销的模式，就是帮助终端把药卖好，服务百姓健康。其实我认为现在这种推销模式和营销模式都过时了，现在要以用户为中心，销售要升级，服务也要升级。因此我们建立了一个医药O2O（Online to Offline，线上到线下）平台，叫"叮当快药"。到目前为止，在中国医药制造业领域中做O2O的只有我们一家。叮当快药是在新零售领域发力。

此外，大健康如何理性面对资本市场？怎样通过资本市场来推动大健康快速发展？我认为人健康产业要做专业，应该沉下去。因为健康领域更需要专业，人们生病以后需要的是一种专业服务，我们应该做得比别人更专。

田源：下面请刘总来发言。刘总的公司是九州通，在中国医药流通领域非常具有代表性。我想请刘总谈谈未来大健康跟资本市场的关系。

刘兆年：九州通主要是做流通的，我想谈谈九州通的FBBC项目。众所周知，医药市场现在主要有三大市场。

第一个是二级以上的医疗机构市场。这个市场占有68%左右的市场份额，但这个市场现在已经发生了很大变化，因为国家现在所有的医改措施都是针对这个市场而推行的，比如零差率、药占比、两票制等。这个市场正逐步萎缩，同时也产生了一些新模式，如处方外流的模式，再如用互联网的方式把医药代表集中起来从而产生的新销售模式等。

第二个就是基层医疗机构。这个市场占10%左右的市场份额，主要指社区服务中心、社区服务站和乡村卫生院市场。这个市场也发生了一些变化。以前基层医疗机构卖的药只是基本药物，基本药物只有520个品种。从2017年开始，国家实行分级诊疗以后，基层医疗机构的药品目录跟二级以上医疗机构的药品目录实现了同步，这样基层医疗机构也有了慢性病用药。慢性病一般只是开药，而基层医疗机构离家近、报销比例高、挂号费用便宜，因此基层的用药量在增加。现在一些医药公司、互联网公司及其他创新型的公司把病人、医生、基层医疗机构、药房中心以一个系统连接起来，开展慢病管理服务。这是这个领域现在出现的一种新的模式，

第三个是药店、诊所。这个市场占22%左右的市场份额。现在全国一共有45万家药店，其中连锁药店22万~23万家，单体药店有22万家左右，同时还有一些小诊所，全国大概有30万家。小诊所和单体药店的用药量很少，据我们统计，一家诊所一年从我们这里采购的量只有30万元左右，单体药店每年的采购量为50万元左右。现在针对这些单体药店的销售，市场也出现了一些新模式。因为他们要的量较小，采购议价能力较差，接触厂家困难，要为他们服务很不容易。对此，九州通正在做一个项目——FBBC。

FBBC这个系统是做什么的呢？就是把厂家、九州通的配送体系和单体药店、单体诊所连接起来，最后服务于C端（Customer，客户端）的客户。在这个平台上，厂家可以进行控销、推广，我们九州通的业务员也可以利用系统把产品销售到终端客户，小的药店和诊所可以在系统中直接采购药品或者所需要的产品。我们还与系统结合做个人诊所、个人药店服务。效果比较明显，我们2017年通过这个系统获得了约37.5亿元的销售额，2018年可以突破100亿元。其实，我们主要是利用了九州通全国的物

流系统，九州通现在在全国31个省会城市和90多个地级市都有物流配送中心。如果没有物流体系做支撑，要做这个项目也很难。因为这些小的药店、诊所需要的药品品种很多，但是药量非常小，一盒、一瓶，都是最小的包装。现在一些诊所与C端用户不一样，它们要求即时性，上午下了订单，下午就要送到，如果从其他地方送过去很难，成本也很高。正因为有了这个物流体系，我们才可以满足他们即时性的需求。这实际上也是线上线下结合的模式。

关于资本和大健康，我讲一点体会。美国的创新药为什么可以占全世界的80%以上？我分析认为，主要是美国的资本市场、资本对创新药的大力支持。苑总投资了30个，成功了三四家，这三四家的成功所获得的回报就能覆盖其他的投入。如果是一家企业去投资一个项目，这个项目失败以后它就"抓瞎"了。所以，要靠资本驱动，没有资本驱动是很难取得成功的。依赖资本市场大面积投资、广种薄收这种模式对于美国新药创新非常重要。

> 依赖资本市场大面积投资、广种薄收这种模式对于美国新药创新非常重要。

所以从新药创新的角度来讲，我认为应该与资本市场结合起来，中国在这一方面还有所欠缺。此外，美国的科学家、创新药的研发者都把研发新药当作工作对待，不是把药捂在自己手里，而是希望与资本市场共享。而国内有些企业研发一个新药，就要从头做到尾，一旦失败，十多年的时间就这样过去了。其实只要药没有被宣布失败，任何时候它都是可以转让的，而且都是有价值的。在这方面，中国资本市场的发展还不够。

田源：刘总讲得非常精彩，非常切合"资本和大健康"这个题目。的确如此，美国市场上资本和新药研发的互动关系是非常良性的，虽然这是一个高风险行业，但每年都有大量的资金进来，科学家们拿到资本后就去做研发，研发时间非常长，需要10年以上。如果上市公司来投资，一旦失败，股价就"飞流直下三千尺"了。所以通常上市公司不敢做新药。那这个市场怎么办？就一定要有资本推动，资本就来自民间、政府等方方面面。但是资本是要回报的，资本怎样才能够把回报收回来？在美国有

两种方式，一种方式就是将研发中的新药卖掉，一期、二期、三期都可以卖掉，卖给大药厂或者别的愿意购买的公司。另一种方式，有一部分企业要上市，资本市场给他打开了一个门。市场给新药研发公司不断输入能量，推动这个市场发展，同时使得我们这种做资本的人到资本市场把资本套现。我们投资百济神州就获得了十几倍的回报。投资人不是做慈善，我们手中的钱是我们投资人的钱，我们要为他们创造回报。我们希望百里挑一，选最好的项目投进去，3年、5年出来赚30倍、50倍，这个机会是存在的。

张琨是春雨医生的CEO，春雨是非常典型的互联网医疗公司。欢迎张琨张总。

张琨： 春雨过去的确是提过"颠覆医疗"这样的口号，2017年我来春雨后对这个思路做了一些调整，叫"拥抱医疗"。为什么要拥抱医疗？因为互联网有它天然的局限性。以春雨本身的业务来讲，的确市场上有很大的需求量，但是客户服务的周期很短，客户的需求频率非常低。就医也是这样的，这是一个客户服务周期短、客户服务频率低、客单价比较低的行

业。所以如果在按照这种纯线上医疗或者纯互联网医疗的模式走下去，这个企业最大的可能就是收入再多一点，但也就这样了。如果要成就一个估值数百亿元的企业，就一定要拥抱医疗，一定要跟医疗服务结合起来，一定要跟我们上游的合作伙伴深度融合。

前段时间，我们对大数据做了回顾和分析，我发现我们其实跟很多上游的合作伙伴都有协同价值。比如，通过大数据，我们发现抑郁症患者在问诊的时候不仅只是对抑郁症的治疗手段有需求，而且还对消化道系统症状的处方和药品有需求，可能是心情不好致使胃产生相应的症状。我们同时通过大数据也发现了很多症状跟症状、药品跟药品、症状跟药品之间的联系，这些对药品的研发非常重要。

春雨是资本成就起来的一家互联网企业，如果没有资本的力量，春雨不会走到今天，不会获得这么大市场的份额，也不会建立自己的核心能力来为用户提供服务。对于资本，我有一些体会。在我过去的职业生涯中，有6年是做管理咨询工作，其中一部分工作就是帮助投资人对目标企业做调查，属于中介性的业务；还有6年是在华润，我们从零开始，创建起华润医疗，建医院、做投后管理；现在又是一名创业者。在经历不同角色后，我有三个方面的感悟。

第一，资本的价值是不一样的。有的钱贵，有的钱便宜，贵的钱一定不要拿，现在拿了，你未来要付出很多代价来处理你今天拿这笔钱的成本。便宜的钱一定要抓住机会。因为便宜的钱一定会给你带来其他的战略性资源，宁可在当下做出利益上的让步。对于有战略价值的资本的引入是非常重要的。

> 便宜的钱一定要抓住机会。因为便宜的钱一定会给你带来其他的战略性资源，宁可在当下做出利益上的让步。对于有战略价值的资本的引入是非常重要的。

下一阶段，春雨需要做转型升级，在这个阶段，其实我们是在寻找能为我们带来战略资源的投资人。我理想的战略投资人是什么样的呢？首先要有契合的价值观。医疗行业一定要有自己的价值观。医疗行业属于服务型行业，但是一种非常特殊的服务型行业，它属于社会公共利益，有社会价值的取向。我们在运营春雨的时候始终在强调价值观，我们在做自己新的专科业务或者新的患者服务项目时有三个标准：它是不是比现有的传统方式价格低；它是不是给患者提供极大的便利性，提高了医疗服务的可及性；它是不是能够保证医疗质量、患者安全。我希望我们的投资人在投资我们的时候，跟我们有一样的价值观。

第二，一定要有行业的常识和认知。2017年一年我接触了一百多家机构和几百位投资人。其中一些比较典型的互联网投资人一上来就跟我谈，"我给你这笔钱，你能不能在未来短时间内扩张至几百座城市、开几千家线下店、获得几千万用户？"我说这是互联网的思维，医疗行业的规律其实并不是这样，医疗行业有很强的属地化、专科化等一些相对来说较慢的属性，**做这个行业一定要尊重这个行业的规律。**

第三，选投资人要根据企业发展的节奏来进行。比如，现在需要扩大市场占有率、扩大用户数，那可能要纯砸钱，财务型投资人是比较理想的。但是如果你的整个业务模式要进行升级、企业要转型，那么有相应资源的战略投资人才是你最需要的。所以，选择资本、投资人也要跟企业的生命周期结合在一起。

在投后管理上，我过去也做了很多投后管理的项目，更多的是传统医疗服务的项目。当时我们的原则就是一句话——"帮忙不添乱"。因为在这个行业里真正能够看到业务一线情况、听到业务一线声音的，就是企业家。企业家在管理企业的时候天天看着运营的数据、处理用户的反馈，他们对这个业务形成的洞察要远远比投资人更深。投资人看的面可以很广，可以有更高的视野，但是对于一个垂直市场、垂直业务来说，冲在一线的企业家有更深的洞察力，所以投资人要相信企业家，要放手让企业家去干。在这个市场上，投资人不是明星，只有企业家才是真正的player。

总而言之，在选择投资人的阶段，我们更看重的是价值观，看重对行业的理解及与企业阶段的匹配性；在与投资人合作、投后管理的阶段，不管我们扮演的是一个企业家也好，还是投资人也好，主要是要创造价值，帮忙而不添乱。

田源：好，谢谢张琨。他从一个企业家角度出发提出了他对投资人的选择。

其实我更多的时候是做投资人。我们也更愿意投资一些价值观相同的企业家，并且我们不只是投资，而且还会把我们基金周边的资源都赋能到企业，这其实十分重要。

从投资人角度来看，在当前的新药研发投资方面，大部分创业者其实都没有经过长期的企业管理的锻炼。拿了很多钱后怎么花？怎样谨慎对待资本？这对他们而言还是一个很有挑战的问题。整个社会的资本永远是稀缺的，企业家获得融资后，要特别善待资本，要用得有效率、用得合理，使资金发挥最大的作用。在这方面，市场上其实还存在很多问题。

后发区域的机会

后发区域可以借鉴先发区域的技术和制度，以获得更高的增长速度；也可以规避先发地域探索发展中的代价，比如先污染后治理。后发优势使得生态中国和质量中国更为可能，生态中国和质量中国本身就是后发区域发展的更可行路径。江西的后发优势有哪些？在建设生态中国和质量中国的过程中，企业家的社会责任有哪些？

在2018年亚布力论坛夏季高峰会上，万科集团创始人兼董事会名誉主席、万科公益基金会理事长王石，中国民生银行董事长洪崎，爱佑慈善基金会理事长王兵，御风资本董事长冯仑，河南建业集团董事长胡葆森，武汉当代科技产业集团股份有限公司董事长艾路明就以上问题进行了讨论。中国并购公会创始会长王巍主持了该场论坛。

王巍： 这届亚布力论坛夏季高峰会的主题是"中国经济：初心与再出发"，江西老区见证了党的初心。今天我们邀请到几位企业家，共同探讨江西的营商环境、现状和发展机遇以及在发展的同时，社会企业家应该承担哪些责任？

胡葆森： 今天台上有很多"50后"的企业家，"50后"成长的年代和中国的发展基本上是同时期的。我们都是"50后"，"50后"身上有一个特点，就是在他们的价值观、文化基因中，红色基因的特征非常明显。因为我们从小是听着中华人民共和国成立的故事长大的。而在中国的近代史中，江西的贡献也是不可替代的。我们党的第一支武装力量是在江西南昌诞生的，正所谓枪杆子里边出政权。上一次来江西还是大约10年前，我和

王石、冯仑到江西参加一个地产活动。这次来了之后，感觉到江西变化特别大。

说到后发优势，我想主要还是体现在以下三个方面。

第一，是地理位置。除去本身丰富的自然资源外，江西地处长三角、珠三角和"两湖"（湖南、湖北）城市群的中间位置，这样的地理位置在中国版图上非常特殊，具有区位优势。

第二，是自然资源。江西省人口不到5000万，但它拥有将近17万平方公里的自然资源。

第三，是做事的韧劲。有人把江西人称为"江西老表"。"江西老表"做事情锲而不舍的精神给我留下了深刻的印象。我上大学的时候，全班60位同学中有11位来自江西。他们上学的时候学习特别认真、特别刻苦，我从他们身上看到了江西人做事的韧劲和认真的拼劲。

江西人有做事的韧劲和拼劲，江西省有区位的优势和自然资源的优势，还有丰厚的文化积淀，有这么多优势条件。我认为江西可以结合、吸取珠三角、长三角和长江经济带城市群的资源，将它的后发优势在今后3~5年里发挥出来。

王巍：谢谢胡总。艾路明是湖北企业家，但是现在在全国做投资、做金融，也做文化，还做阿拉善SEE生态协会的会长。你在江西也有投资项目，你怎么看待江西的发展机会？

艾路明：江西近几十年的发展目前看上去确实显现出了某种后发状态，但江西有着良好的自然环境和丰富的物种资源。

中国长江有一种重要的物种——长江江豚，根据2018年3月的报告，整个长江流域有1040头江豚，鄱阳湖就有475头，也就是说，几乎一半的长江江豚是在江西。江西美好的自然环境一定会给江西未来的发展带来一些积极影响。

我们20年前就已经在江西投资，庐山三叠泉的索道就是我们做的，我们对江西有非常深的感情。我们在江西还有一些其他的项目，包括最近我们在做的江中食疗项目。这个项目是和江西的著名企业家一起投资、一起推动的。就像胡总刚才说的，江西人具有干事业、干事情、思考问题的韧劲，只要把市场放开，只要给予他们适当的机会，他们就能把握住机会，并且一定能做得风生水起。还有很多机会，让我们大家携手起来，发挥江西的自然环境优势、人文优势，就一定能够在江西做出更好、更多的事情。

王巍：谢谢艾会长。洪崎是中国最有影响力的民生银行董事长，也是"老金融"了。你在江西有很多投资，你怎么看江西？你认为江西的机遇有哪些？

洪崎：我认为江西目前有这三大优势。第一，区位优势。过去交通不便的时候，江西的区位优势不明显，只是接壤了六省，最后变成了革命根据地。现在交通便利以后，区位优势就发挥出来了。

第二，自然资源优势。"绿水青山就是金山银山。"现在到了绿水青山可以逐渐成为金山银山的后发阶段。江西的自然资源、有色金属资源很丰富，这都是硬件。后发优势其实就是一个比较成本的问题。近两年，新区等房价开始上涨，以前房价很便宜，如果在上海、北京打工挣钱，到江西来消费还是很好的，所以江西有比较成本的优势。

第三，我看过2016年、2017年还有2018年江西的经济数据，应该说发展的速度都很快，GDP增长都在9%左右。民生银行有分行在江西，也有事业部，信用卡中心在江西投资了400多亿元。我们在江西投资差不多10年了，真的没怎么挣钱。但总的来说，江西的整个环境是好的，整体的经济环境、金融环境还是不错的，增长比较平稳，不良率总体来说并不高，所以信用环境也不错。这些都是硬件方面的优势。

谈后发优势，我们也要考虑将软件优势发挥出来。江西在跟较发达区域对接的时候，如何做到重要信息、各方面能量的交换？这也就是软环境。软环境包括政商环境、文化环境，这是需要注意的，因为很容易出现在初期引入投资的时候很积极，但看见投资的企业家挣了钱又眼红的情形，然后七七八八的事情都会出现。所以总体而言，我认为需要思考如何弥补软优势，使发达系统和后发系统能够真正地交互能量、共同发展。我就提这个建议。

王巍： 谢谢洪崎董事长。冯仑是中国非常成功的商人，他做地产做得很成功，最近转型做投资，他同时也是中国著名的思想家（特别是在亚布力思想圈），走南闯北，体验非常深刻。所以我特别想请冯仑讲一讲江西的企业家和江西的环境，跟其他地方相比有哪些独特的地方？

冯仑： 黑猫、白猫，抓到老鼠的就是好猫。但是怎么能抓到老鼠呢？摸着石头过河，抓到老鼠。不过最近大家稍有点困扰，因为石头都被搬走了，所以有时候我们会有"改革开放方向不变，但脚底下的石头在哪里"的困扰。

怎么解决这个问题？到了南昌就有了智慧，到了江西就有了智慧，因为江西的很多历史会启发我们。有一个著名的事件叫"九江夜问"，发生在1927年，这是一次决定中国民营企业方向的夜问。1927年北伐战争的时候，中国经历了一个特别的变动，蒋介石从广州一路打到九江，打的过程中提出一个口号叫"新三民主义"。这个口号和军队引起了上海主流民营企业的不安，因为民营企业当时在上海刚进入一个发展不错的状态。于是，大家就推荐了一个人叫虞洽卿，人称"阿德叔"，去九江与蒋介石见一面，问他接下来中国到底怎么办，民营企业往哪里去。阿德叔一到九江，就与蒋介石辟室密谈，然后以虞洽卿为代表的企业家就跟蒋介石走

　　了。后来他们在上海建立了良好的政商关系，在1927—1937年也取得了他们所谓的民营企业发展的"黄金10年"。

　　到了江西，我突然想起这个故事，因为这个故事给了我们一个重要启发，就是我们要坚定跟谁走的问题。到了江西、到了井冈山，过了南昌、过了八一大桥，我们坚定地要跟中国共产党走。怎么走？改革开放。怎么改革开放？实事求是。我们要在南昌大桥上多思考，在"小平小道"上多思考。

　　所以，我对江西的第一个印象就是，赣商因为长期在这个地方扎根，坚定了跟党走的信念，最重要的是学会了改革开放，涌现了一批像郑跃文这样的优秀企业家。我们在江西还有很多的故事，希望大家能在这儿获得一些启发。

　　王巍：谢谢冯仑的故事。王兵是一个企业家，早期投资许多慈善事业，做了很多公益事业。我想请王兵来谈谈他如何看待江西以及他希望做的事情。

　　王兵：我谈点综合方面的感慨。开幕论坛的主题叫"后发优势和企业家的责任"。我觉得企业家责任涉及企业家参与社会的问题，也就是社会企业家。企业家的社会责任分为四个部分。

第一，最核心的是企业家精神。企业家阶层的创新和高效，形成了企业家群体在整个社会生活中最重要的作用。所以从企业家精神和社会责任来看，企业首先就是要做好产品和服务好消费者，这是企业家最核心的社会责任。

第二，企业家如何传承。现在人们谈的比较多的就是如何把社会责任传承下去的问题。

第三，企业家参与慈善。大家都知道CSR（Corporate-Social-Responsibility，企业社会责任），就是企业如何在追求财务指标和财务利润的情况下，承担起对社区、消费者和利益相关者的其他责任。

第四，就是企业家的慈善。其实这跟江西有很大关系，因为后发优势体现在如何激发企业家对社会、对环保及对慈善的推动上。中国的社会企业家和公益组织，像王石的公益基金、艾路明的阿拉善SEE协会，包括我的爱佑基金，其实都是社会企业家在发起组织推动。爱佑、壹基金、阿拉善SEE在儿童医疗、环保、救灾等各个领域都起到了非常大的作用。江西的社会企业和公益组织相对比较少，我觉得如果把江西这些真正能代表企业家精神和能进行社会创新的企业家发动起来，对江西的发展会有很大的推动作用。

王巍：谢谢王兵。刚才几位企业家一直在谈赣商坚韧不拔的精神和江西的潜力，我总是会想到王石，王石是40年来中国企业家这种坚韧不拔性格和精神的典型代表。请王石来集中谈一下对江西的印象。

王石：我讲一下今天早晨的经历和一段小回忆，来回答"我对江西的印象和感觉"这个问题。

今天早晨我5点半起床，6点钟就到了青山湖，划了1个半小时的船。大家也知道，我曾经是亚赛联的主席，2018年到期了，但又被推选为"亚赛联永久荣誉主席"。这和江西有什么关系呢？2001年，我第一次划赛艇，就是在南昌的青山湖。也就是说，我能在亚赛联被授予"永久名誉主席"和南昌的青山湖有着非常密切的关系。而且在这次亚赛联的赛艇比赛场地上，我给一个中国队男子四单轻量级的冠军颁奖，其中有一个队员就来自江西。

　　先不说如何后发制人，江西由于拥有良好的环境，所以非常适合大健康。南昌曾经是人民军队"打响第一枪"的地方。我相信在中国改革开放的第二个40年，在大健康方面，江西尤其是南昌应该扮演一个重要的角色。在健康运动、全民健身运动、水上运动等方面，青山湖将扮演重要的角色。

　　今天早晨我和南昌的一位非常仁慈宽厚的企业家夏刚一起，探讨如何推动南昌的水上运动以及南昌整座城市的体育运动工作，以促进全面大健康的发展。其他经济上的比较，我不好去说，但是我觉得南昌作为一座"英雄城"，在运动、大健康方面，在水上运动方面，是可以走在前面的。我愿意助一臂之力。

　　也是在今天早晨，我们不仅谈了如何进一步推动南昌、江西的大健康和全民健康运动，而且还谈了生态、环保、"绿水青山就是金山银山"。我们谈论的主题，一个是如何保护好长江的江豚，另一个是未来我们如何保护环境。如果没有优良的环境，没有清新的空气、水源和土地，我们谈的大健康、大数据都是没用的。所以从这个角度来讲，江西同样要在这方面扮演一个重要的角色，而且还会走到前面。我们的白鳍豚已经消失了，

现在江豚已经岌岌可危，显然，在保护江豚上，江西的责任重大。

我再谈一段小小的回忆。在上海的闵行区，有一个非常有名的适合开会、度假和休闲的庄园。这个庄园的房子是江西的房子，此外，最主要的是，这个庄园有一批有编号的老银杏树，很多银杏树有几百年的历史，这些老银杏树也是江西的。这个庄园的开发主任是一个年轻的江西商人。为什么江西的老房子、江西的老树会在上海？这个故事的起因在于，江西要修一个水库，几个村子都要被拆迁，出去打工的这位年轻人觉得这些老建筑要保护，这些老树也应该被保留下来。他就找到了当时闵行区的区委书记，说了他的心愿和设想。这让书记非常惊讶。书记说，我们上海的冲积平原没有许多银杏树，这些老建筑更是难得，只要你能做，我们就支持。最后，这位年轻人用了五六年的时间，把这些老建筑和银杏树全部运到了上海闵行。

江西简称"赣"，有一句话叫"天上九头鸟，地下湖北佬；十个湖北佬不顶一个九江佬。"这说明江西商人做生意是非常有名的。江西有长江、赣江等，水系发达，我们知道在铁路、高速公路之前，主要的交通运输就是靠水运，所以江西的商人非常有名。只不过江西有一个特点，不愿意去自我宣传、自我标榜，但是不要以为江西不出商人。现在中部的湖南、河南、安徽已经发展得非常好了，就等着江西了。企业家们非常愿意与为中华人民共和国做出贡献的江西一起努力，也非常愿意为江西的发展添砖加瓦。

王巍：谢谢王石主席。每个企业家做一点小事就能给一个区域带来巨大的变化，这是亚布力论坛的一个重要精神。刚才洪崎董事长特别提到如何改善江西的软环境，现在我不谈观念，能不能请每位企业家给江西提出一个或者两个具体的条件以及你想在这干的事儿？

洪崎：现在江西的后发优势形成了江西发展最好的时期，我们对江西的未来非常看好。我这次来也是为了加大对江西的投入。但是我刚刚说的其实就是它的商业环境，尤其是信用环境，是需要维护和保持的。希望让我们投资人、商业银行能放心地把钱放到这里来建设江西。

王巍：王兵，你想干什么事？需要什么条件？

王兵：我们2018年资助了几个企业家环保组织，一个是北京市朝阳区公众环境研究中心（Institute of Public and Environmental Affairs, IPE），一个是广州绿网环境保护服务中心，一个是上海道融自然保护与可持续发展中心，还有一个是山水自然保护中心。其中道融自然是做大气水污染调查研究工作的，我们2018年给它捐了1000万元，支持他们对大气和水污染防治方面的研究工作，然后把所有的大数据提供给政府等各个组织。未来江西有没有可能也出一位这样的社会企业家或者社会创业家，或者是这种社会创业组织让我们来支持和推动。

胡葆森：刚才王石提到的夏刚，是我们地产界中城联盟在江西的主要会员企业。下一步我会积极响应王石主席的号召，积极参与到夏刚组织的生态环保和健康医疗领域中。我跟田源主席一起在美国投资用于癌症治疗的质子治疗仪，我只是一个小股东，但我会跟随田主席一起，争取把第一台机器放在南昌。

艾路明：江西是中国改革开放的源头，所以我想改革开放依然是江西所必然面对的问题。改革开放已经给中国带来了巨大的变化，特别是我想在这里说开放的问题。开放不仅仅是对外资的开放，它的另外一层含义是对民营企业的开放。30年前，当我来和江西的一家企业谈合作的时候，那个企业当时的销售额是10亿元，30年后，它的销售额也只有30亿元。而我当时跟他谈这个项目的时候，我们的销售额一年只有1亿元多，而现在我们在这个领域有200多亿元的销售额。所以如何将一些好的国有企业和民营企业更好地结合起来，我觉得也是江西可以深入思考的一个方面。

王巍：谢谢。台上这些企业家除了贡献他们分享的经验和观念之外，同时还提出了非常具体的建议。

亚布力论坛成立已经18年了，它已经形成了一种凝聚力，是一个奋斗的团体，也是一个拥有着坚忍不拔意志的团体。这么多企业家到江西来，就像刚才王石主席所讲，我们希望在今天有很多不确定因素甚至有一些内忧外患的时候，能够坚定信心，从江西起步。我们希望在最困难的时候能够通过更强大的精神信念和扎扎实实的工作，把江西、把中国建设得更好。

"有温度"的教育扶贫

> 扶贫先扶志，扶贫必扶智，作为彻底稳定脱贫的重要推手，教育扶贫的精准性与有效性至关重要。因此，在传统的捐助校舍硬件设施的教育扶贫方式之外，如何根据实际需求提供有效的扶贫方式？如何在提高硬件设施的同时，吸引并留住更多的高素质教育人才？目前教育扶贫遇到的根本问题是什么？该如何解决？其中企业家们能做什么？而随着互联网的快速发展，如何发挥网络教育优势，实现教育资源的共享和交流？
>
> 在2018年亚布力论坛夏季高峰会上，友成研究院执行院长汪亦兵，北京市美疆助学基金会秘书长史兆苓，北京市慈弘慈善基金会秘书长庄伟，英语流利说创始人兼CEO王翌，惠若琪女排发展基金会创始人、女排奥运冠军惠若琪，就上述问题进行了深入讨论。《中国企业家》杂志社社长何振红主持了该场对话。

何振红：众所周知，扶贫攻坚战是我们国家三大攻坚战之一，对我们来说也是一场较难的"战争"。而且相对于其他攻坚战来说，扶贫攻坚战有刚性指标，即到2020年我们必须实现全面建成小康社会的目标，让几千万人脱贫的任务必须要完成。

在扶贫过程中，教育是一件最重要、最难，且不太好量化的事情。今天各位嘉宾在教育扶贫方面都有非常多的探索和作为，请各位嘉宾介绍一下你们所在的基金会或者公司在教育扶贫领域所做的事情。首先有请汪院长。

汪亦兵：友成企业家扶贫基金会与今天的论坛有三点连接。

第一是企业家。友成企业家扶贫基金会是由王平理事长和"三地两岸"的企业家于2007年发起成立的，很多企业家，如陈东升董事长、郭广昌董事长、陈建新董事长等，都是我们的发起理事。友成在这10年的运作过程中得到了很多企业的支持和帮助。

第二是创新。友成基金会在这10年中做了很多创新的事，提出了很多创新理念。在友成发起的时候，我们就提出要物质和精神双扶贫。精神扶贫方面，在我们的理解中，就和教育相关，因为教育的两个最大的本质就是改变认知和赋能。后来，我们又提出新公益的理念。2014年，又提出了社会价值思想和3A、3B评估模型思想。这些理论和思想在中国的公益界都产生了很大的影响。

第三是教育扶贫。友成企业家基金会的主管单位是国务院"扶贫办"，和扶贫是天然的世亲。2007年，我们接受了亚洲银行的一个研究项目，叫作"扶贫志愿者行动计划"。在这个计划当中，我们经过调研发现，贫困的最大问题是资金、人力资源的匮乏。而在乡村人力资源匮乏的同时，城市却有着巨大的冗余。特别是老师和企业中的高级白领，还包括

一些国家干部，他们退休以后身体都特别好，并且有意愿做一些和志愿者相关的事情。我们的"扶贫志愿者行动计划"通过在各地建立"志愿者驿站"，号召有意愿参加扶贫志愿者的人到乡村去。2008年，这个计划得到了国务院"扶贫办"的同意和批准，2010年开始正式实施。

在友成扶贫基金会，教育扶贫方面的工作主要由友成企业家扶贫基金会常务副理事长、国务院参事汤敏老师负责。2010年，他在广西开展了"常青义教"计划，把退休的老师送到农村去，指导农村校长进行学校管理，对老师进行培训。这是我们的"常青义教1.0"计划，得到了好评。

2013年，汤敏老师在调研过程中发现乡村和城市之间的教育资源太不平衡了，比如像人大附中、清华附中这类学校，有优质的老师、教学方法和理论，而农村老师在这方面普遍有所欠缺。当时，汤敏老师是和人大附中校长一起去调研的，在调研过程中就产生了一个新的计划，叫"双师"计划——在人大附中开"第一课堂"，再选择一个乡村学校开展"第二课堂"，通过网上直播进行教学。这对学生帮助很大，特别是对乡村教师的帮助更大，他们可以通过"第一课堂"老师的教学获得很多教学方法方面的知识和经验，成效非常显著。我们称这是"常青义教2.0"计划。

随着"常青义教2.0"计划实施范围的越来越广，我们发现了一个问题，一方面，城乡之间课堂同步、课时安排上会有很多限制；另一方面，语言和课本也不一样。所以，2016年，我们又推行了"乡村教育创新计划"，引入了像爱课堂这样一些做课件的企业，把他们的资源都放在网上，乡村教师可以根据他们的教学进程需要，应用这些网上教程，这就解决了时间限制和语言限制的问题。2017年，我们针对乡村教师又发起了"青椒计划"，培训乡村教师。

何振红：在当前扶贫或者公益领域中，企业家主要发挥两方面的重大作用：一个是企业家将其所拥有的资源运用到扶贫领域中，另一个是用做企业的方式、市场的方式推动扶贫、推动公益工作，这种方式非常有效。

接下来有请史兆苓——北京市美疆助学基金会秘书长。

史兆苓：北京市美疆助学基金会筹建于2004年。2004年，我们基金会的发起人王小梅女士去新疆游玩，当时援疆干部将她带到南疆的一个州。这个州非常贫困，人均年收入仅680元。当地的女孩儿都不上学，帮家里做家务，或者照顾弟弟、妹妹。看到这样的情形，她非常心痛，说"女孩子将来是要成为母亲的，母亲对于孩子的成长和家庭教育都至关重要。"为了不让这些孩子走父母的老路，她当时和同行的朋友一起帮助了10名维吾尔族贫困家庭的女孩子。回来后，她一直牵挂着这些女孩儿，后来就萌发了一个想法：成立一个专业机构，把这些孩子集中到一个班去上课。

2005年5月，我们基金会美疆班就开学了。同年，基金会也成立了。基金会一直致力于边疆少数民族地区的精准教育扶贫工作。在少数民族地区，我们教育扶贫的方式肯定跟其他地区不一样。首先是语言障碍。涉及的一些地区使用的都是民族语言，且很多农村离城市很远，因此我们首先要推行寄宿制的国语教育。同时，给孩子找"一对一"的资助人，关心他、帮助他。像这样的美疆班现在约有35个，约2500名新疆孩子获得帮助。在此基础上，我们还做了很多辅助性、支持性的项目来帮助他们成长，包括助学金项目、公益行动等。还有一些最基础的物质援助，如电教室、图书室等项目也有很多。

我们这十三四年来在边疆地区摸索出了一套适合边疆地区孩子的教育扶贫方式，累计帮助了近10万名孩子，受到老百姓和当地政府的欢迎。

何振红：谢谢！下面有请慈弘慈善基金会的秘书长庄伟。

庄伟：慈弘扶贫基金会于2010年9月3日在北京成立，是在北京市民政局注册的一家非公募基金会。我们的创始人是德龙钢铁有限公司董事长丁立国先生和他的太太赵静女士。

八年来我们一直坚守着两个项目体系：一个是以乡村班级图书角为核心的儿童阅读项目体系，另外一个是以乡村儿童的幸福与健康教育为核心的乡村师生赋能计划。

八年来，我们在较贫困、边远的六个省共1087所学校持续性地开展公益项目。现在我们每个班级的乡村图书角由1~5名孩子自己来管理，他们主要负责管理借阅登记工作。我们认为，一个公益项目能够持续本地化地发展离不开本地受益者的参与。孩子们不仅是一个项目的受益人，而且更是这个项目的参与者、优化者和提升者，他们可以在这个项目中获得价值感，获得一种管理能力。目前该项目的图书管理员已有22000余人，这8年来，在慈弘平台上参与过慈弘项目管理和提供志愿服务的小学生、大学生和乡村教师志愿者已超过10万人。

我们认为，公益不仅仅是一种此端到彼端的财务输送，或者说是一种帮扶的输送，更重要的是大家在一个平台上共同努力，让孩子们能够有尊严、快乐地成长。这就是我们的公益理念。

> 公益不仅仅是一种此端到彼端的财务输送，或者说是一种帮扶的输送，更重要的是大家在一个平台上共同努力，让孩子们能够有尊严、快乐地成长。

王翌：大家知道，中国的教育有三大特点。第一，是成本比较高的课外培训。义务教育之外的培训一下子拉开了学生的"起跑线"。第二，是效率。现在很多小学做作业都要做到很晚或者周末排满了培训班的课程，但结果也未必有那么好。第三，是教育资源的极度不均衡。而且坦率地讲，光靠鼓励教师去西部是很难从根本上解决这个问题。

现在1.0的模式是在线下把老师和学生匹配在一起，形成教学活动。2.0的模式就是通过互联网解决时空的约束问题，但是问题在于，尽管有那么多的老师，但是你还是想找最好的。我们把最好的老师、教育工作者、认知神经科学专家、互联网设计师放在一起，把他们的专业能力抽取出来然后产品化，做一个强互动的产品，就是我们现在推出的AI老师。我们认为，这是3.0的模式。AI老师是一个存在于智能手机上虚拟的老师。2016年7月，我们推出了世界上第一款AI英语老师，课程叫《懂你英语》，为什么叫懂你？因为我们觉得AI老师有这个能力，比学生自己以及他遇到的真人老师更了解他们的学习需求和方式，可以为他们规划个性化的路径。现在我们的产品有8000万个免费用户，数百万个付费用户。

2016年6月，我去了一趟青海果洛。在道扎福利学校，那里有300名孤儿。该校唯一一个全职的英文老师是从广州过去支教的一名白领，他跟我们说，学校的小朋友都特别喜欢玩你们的APP（Application，应用程序）。我一听就心动了，因为我们公司的愿景就是要帮助每一个人实现他最大的潜力，使之成为一名"世界公民"。

我们创始团队的三个人都有幸获得了较好的教育，在美国留学，在硅谷工作，然后回国创业。我们转了一圈儿以后意识到，其实很多中国人在硅谷、在国际舞台上并没有像那帮美国人那样获得成功，不是因为他们不努力、不聪明，而是因为语言和文化壁垒。我非常认同一点，就是每个人生下来就有他独特的天赋。其实我们的教育并不是让你去培养他的天赋，而是不要泯灭他的天赋，要让他意识到自己有某方面的天赋，从而实现个性化发展。

我认为今天的教育体制有很大问题，是因为它是工业时代的产物，是一个批量生产时代的产物。很多人一辈子都搞不清楚自己到底想干什么，非常可惜。未来人工智能一定大有前途，我们希望把最想做的技术、产品做好，运用AI去支持一线的教育工作者及全社会，我觉得这也是一种赋能。

惠若琪：我在2015年遭受了一场比较严重的伤病，差点就打不了排球了。当时很迷茫，后来很幸运通过手术治疗重返球场，参加了奥运会，但其实我之前有很多队友都因此而告别球场了。所以从奥运赛场回来后，我

就用自己的奥运奖金成立了这个专项基金，一开始帮助了几个以前的队友和教练，他们的家庭都比较困难，或者本人患有重大伤病。

后来，我自己本科学了体育教育，我发现其实体育教育一直被大家所忽视，所以我就希望做一些事情，能让大家认识到体育教育的重要性。这其实分为两个方面，即城市和偏远地区。

在城市里，很多家长觉得学体育既浪费时间又耽误学习，但其实体育对孩子的智力发育、自我管理能力、公平竞争意识、社交能力的培养都起到非常重要的作用。对于扶贫，我认为体育也应该做出一些贡献。

很多人觉得偏远地区的孩子不需要体育，因为他们身体好。但其实并不是这样，先不从营养的角度来谈他们的身体是否强壮，最重要的问题是他们的心理不够强大。他们内心非常自卑。我们发现，通过体育的方式在与他们互动的过程中，他们慢慢展现了自己的天性，慢慢愿意与人交流，愿意去表达。

都说扶贫先扶智，我觉得扶智应该先扶体，这个"体"不仅仅是他外在的体魄，更多的是他的内在。

何振红：你们在推进项目的过程中，遇到的最大难题是什么？

汪亦兵：我觉得教育扶贫最大的困难其实还是在认知方面。我们在项目推动过程中接触的大部分都是地方的教育管理部门、学校的领导和乡村老师，我们遇到的最大困难就是如何让他们改变认识。

我们其实有两方面的扶贫：一个是对教师的扶贫，还有一个是对农村电商的扶贫。如果没有很好的组织和催化作用，让他们自己去学习是很困难的。所以社群是学习最大的关键，你必须要

> 我觉得教育扶贫最大的困难其实还是在认知方面。我们在项目推动过程中接触的大部分都是地方的教育管理部门、学校的领导和乡村老师，我们遇到的最大困难就是如何让他们改变认识。

有好的社群管理者、催化者，在我们的社群中，要有班长和辅导员，只有在这样的情况下他的学习热情才会高涨起来，内部要有一个激励机制。

史兆苓：我们的困难点在于重点扶持的对象，这些孩子的父母都非

常不支持，甚至是误解我们。他们问："你们是不是要把这些孩子带到城里去培训一段时间，然后带到北京去卖掉？"很多孩子的家长一直在疑惑我们为什么要帮助他们，他们觉得不可想象。

我们从成立到现在一直坚持以倾情资助的方式来帮助他们，从一年级一直到大学毕业一直持续不断地跟踪、帮助他们。所以这些家长们就觉得特别奇怪，说我们要把他们的孩子卖掉，期间还有不少孩子偷偷地被家长接回去了。因为家长不懂汉语，我们没有办法跟家长直接交流，就找民族的志愿者带着我们一家一户去走访做工作，劝说他们要依靠教育去改变孩子的命运，从而改变家庭的命运。

我们每年都会带"一对一"的对口资助人去新疆看他们，跟孩子们互动和交流。从2005年开办第一个班到今天，已经有31个孩子考上了大学，而且很多是985、211的学校。

现在国家对于边疆地区的援疆、援藏政策已经很多了，基础设施方面的资金也已经很多。目前对于我们而言，我们还是希望能够走进老百姓家里，走进孩子的家里。但是我们需要大量当地基层的志愿者来帮我们一起做这个工作，但是目前还很困难。

庄伟：慈弘现在正在做对乡村老师的持续性专业培训工作，这是"乡村扶贫计划"中一个非常重要的环节。我们目前最大的困难点在于年轻的乡村教师。

我们在慈弘1087所助学点里抽样调查了600多所，基本上是乡村学校。乡村学校的老师基本上是经过半天到一天简单的集中培训就被派到各村小学的大学生。而绝大多数乡村老师都缺乏一个系统化、专业的培训，他们也不知道到底该怎么教学、教学的技术路径是什么。

另外，到了乡下后，这些老师第一年、第二年都很有激情，但是到了第3年，他所有的想法都得不到任何支持，理想破灭，就越来越消沉。这是我们走访了大量学校后发现的当前存在的一个非常普遍的现实。所以我们慈弘现在就以"乡村师生赋能计划"把这些年轻的大学生老师组织起来，联合北京师范大学教育学部社会发展与公共政策学院给他们做一个为期3年的持续培训和赋能。每一名乡村老师都有一位专门的名校专家、学者进行"一对一"的帮扶。在帮扶的过程中，乡村老师们通过非常专业的教学技能培训，获得了一个非常专业的、持续的、体系化的支持。这个项目已经发展了两年，成效显著，很多乡村老师获得了非常长远的发展。

王羿：我们面临的困难有三个方面。

第一方面，从短期来讲，我们非常缺设备，希望能够找到一种可扩展的方式把设备问题解决掉。

第二方面，我觉得我们需要与更多地在当地有人、有实体运营、做

执行的NGO（Non-Governmental Organizations，非政府组织）建立联系。我们的模式是典型的团队合作模式，我们把产品设计成远程运营服务提供出来，如果能够有当地的志愿者跟当地的老师、学生做一些互动，那么落地效率会很高。因为我们不是送过去就结束了，而是要持续服务3年，怎样让那边的孩子持续感兴趣从而坚持学下去，这是一个巨大的挑战。

第三方面，2018年年初教育部推出了"教育信息化2.0"，其实今天中国的现状是：即使在很贫穷的地方，硬件都已经铺进去了，就像高速公路做好了，但是上面没有车、车上没有货。也就是说，软件和内容都是极度缺乏的，甚至那边的老师都没有意识到，这才是下一步真正能够把这个杠杆撬动的关键。我觉得这可能是一件假以时日可以推动的事情。我们可以利用互联网和人工智能，各种教育信息的技术和产品以及很多非常创新且可持续坚持的项目，将它真正落实下去。这是一个相互叠加赋能的过程。

惠若琪：对于所遇到的困难，我也总结了三点。

第一，我们有时为孩子们争取到了一些非常好的体验，比如有到央视、到城市里看一些国际化的重大赛事并参与进去的机会时，但是学校的校长有时候不愿意让孩子们参加，因为孩子们出去的安全问题是他们最为担心的一个问题。我觉得这些孩子其实缺少的就是出去和外界互动的条件，所以我们不能只是因为担心安全问题而把这些机会和方式全部扼杀掉，而应该合理地想一些避免出现安全问题的方式，这其实也是一种观念的转换。

第二，我们在支教的过程中发现，虽然现在文化课领域的支教特别多，但是当地的老师不太理解音、体、美"第二课堂"支教的重要性，所以当我们把老师送过去的时候，他们仍然希望我们兼职教数学和语文。

第三，做体育专项基金的人比较少，像现在人们所熟知的姚基金就做得比较好，但在我们自己项目的具体运行过程中，排球因为参与人数有限，所以很难发散。我们如果只用个人的力量，则势单力薄，我们希望能通过不同的平台号召更多的人关注我们，也能加入我们。

何振红：其实在教育扶贫方面，我们还面临着很多的挑战。你们希望企业家们如何参与到教育扶贫中来呢？

惠若琪：希望更多的企业家也愿意加入到我们当中来，有钱出钱、有力出力，共同推动这项事业的发展，把工作做好。

庄伟：目前企业家是最务实和最讲究效益的，如果企业家关注教育公益，那么应该还是以务实、讲究效率的方式来真正关注核心的问题。比如关注一个项目，就要看这个项目是否解决了一个核心问题，是用什么样的技术来解决的，还要关注效果如何、多少人受益。

另外，希望企业号召自己的员工身体力行地参与公益，这是一个非常有效的方式。德龙有12000名员工，八年以来，他们坚持参与慈弘的每一次下乡实地调研、项目验收、执行等工作。他们都是这个企业的志愿者，通过6年的打造，这个企业已形成了一种根深蒂固的公益文化，在企业遇到的风险时，大家的向心力在那个时候就会凸显出来。这是企业家参与公益、号召自己的员工参与公益最好的方式，让大家真正去做、真正去思考。

史兆苓：公益不是简简单单把钱拿出来，而更多的是希望大家来参与、感受和帮助这个项目去成长。

鉴于我们的项目主要在边疆，所以我也特别想邀请我们这些企业家朋友在有时间的时候去新疆走一走，去老百姓家里转一转。我们这十多年来其实一直在倡导资助人拿出一些时间去参与这个项目，跟孩子们进行互动。参与是第一位的，希望大家在有时间的时候可以去看一看新疆的风景，走进新疆老百姓家里，了解一下边疆少数民族的家庭是什么样子的。

汪亦兵：改革开放40年，中国经济取得这么大的进步，企业家的作用是最重要的。因为没有企业家的努力，也不可能有这样的成绩。企业家现在做公益和10年、20年前完全不一样，首先你需要发现一个社会问题，围绕那个社会问题再去做你的公益，无论是教育、环保，还是养老、健康和卫生，都可以，只要是你关注的社会问题。

汪亦兵：现在的教育扶贫有两个趋势，一个趋势是越来越多和教育相关的企业被卷进来了，像流利说、沪江、爱课堂、洋葱数学等，而且他们的公益价值和主营业务及社会目标是一致的，所以这些企业是教育扶贫当中最重要的力量，友成和他们也有越来越多的交流。

其实在从资金这个角度来说，任何一个公益机构都需要资金，我觉得这是需要企业和企业家去认真辨识，而辨识的前提是你关注什么样的社会问题。

【互动环节】

提问1：我在泰康人寿工作了22年，现在我们的团队服务了1万多个客户。我最困惑的是，第一，怎么找到好的项目，将真正有意义的事做下去，而不是停留在口号上；第二，我们那么多客户都想做公益，但是找不到途径。

王翌：现在企业和企业家如果要寻找和辨别的公益项目去投入和支持，其实很简单，就是看它能不能打破那一层不透明，让它变得更透明。我觉得其实很多人有爱心，但是他之前听到过一些不好的声音，觉得进了某个洞出不来，没有看到结果，心里就有些退缩了。

"流利说"的好处是把整个教育至少英语学习的过程全部数字化，他

135

的学习数据真实可见，你可以看到每个孩子每周学了几个小时，过几个月你再听听他的声音，他的英语真的变好了，这种直接的反馈我们觉得极其重要。我们坚持1年、2年、3年就看到了质的变化，像这样的项目不太容易做，你可以找像我们这样的企业。为什么？因为我们这种企业要做10年、20年，要一直做下去，我们的公益就肯定会一直做下去。

提问2：我是来自上海师范大学的学生，各位嘉宾讲得都很好，从学生、乡村教师、校方、政府、企业等各个方面都讲了很多。但是我非常好奇，在教育扶贫上，我们师范类院校为代表的高校能够起到什么样的作用？如何能够更好地发挥我们的作用？

庄伟：我简单回应一下。跟慈弘合作的一些大学生支教团，包括北大研究生支教团等，往往都是在西北或者边陲地区的乡村学校做支教，跟我们合作。他们在当地有图书角项目的学校举办大量的阅读讲座，跟孩子们直接交流、直接沟通，效果非常好，这是一种方式。

另外，一般师范大学的研究者往往会跟教育公益组织结合起来共同深度研究一个核心的教育问题，这样也能够发挥一个项目的专业作用。还有可以在寒暑假的时候，将大学生组织起来做一些简单的实践性研究。

汪亦兵：现在大家提出的教育都是在说学校教育，其实家庭教育也是一个很重要的方面。对于一个人的成长来说，其实0~7岁的教育特别重要，所以父母的陪伴很重要。留守儿童和流动儿童的教育问题是我们国家现在最大的问题。友成做了一个电商扶贫项目，就是让妈妈回家，对年轻的乡村母亲进行电商培训，让她们拥有电商技能，使母亲们能回家创业。到目前为止，我们已经培训了1万多名乡村母亲，效果特别好。她们回到家以后，不仅自己创业脱贫，而且更重要的是能够陪伴孩子成长。

另外，为什么在教育扶贫的攻坚战当中社会组织应该起到更重要的作用？我认为社会组织因为它的使命使然，可以更敏感地发现问题，用创新的方法解决问题。

> 为什么在教育扶贫的攻坚战当中社会组织应该起到更重要的作用？我认为社会组织因为它的使命使然，可以更敏感地发现问题，用创新的方法解决问题。

投融资服务创新

过去 10 年是中国私人银行的起跑阶段，下一个 10 年将是行业洗牌、分化加剧的途中竞速。面对市场变化和转型升级，私人银行高净值客户服务将是核心战场，多资产配置和投融资服务具有很大的吸引力。如何发挥银行的"协同效应"，强化团队的响应机制，形成特色鲜明的价值主张，成为这场"马拉松"比赛领先的关键。

在 2018 年亚布力论坛夏季高峰会上，中国工商银行（以下简称"工行"）私人银行部副总经理陈坚、中国工商银行私人银行部专户服务部总经理徐鼎、武汉大学经济与管理学院院长宋敏、清华控股产业研究院执行院长金海年、中泰信托有限责任公司董事长吴庆斌、富鼎和基金董事长王启富、上海达仁资产管理有限公司董事长隗红，就上述问题进行了深入讨论。工银私人银行专户服务部副总吴轶主持了该场对话。

吴轶：尊敬的各位来宾，我是主持人吴轶，2018投融资创新服务分论坛现在开始。

十载同行，万象更新。2018年是工行私人银行部成立的第10个年头。在过去的10年中，中国的高净值人群的人数总量、财富总量都迈上了一个非常大的台阶，我们的高净值人群的人数、财富体量都经历了飞速的增长。在这10年中，工行私人银行部一直在探索如何把高净值客户的投融资需求结合到一起，探索一条中国私人银行服务投融资创新服务的新路，今天分论坛的主题是"投融资创新服务"。我们分为两个环节，首先邀请两位主讲嘉宾为我们带来两个主题发言，分别是《中国财富管理市场新趋势、新方向》和《工行私人银行部投融资创新服务的探索》。这两个主题演讲结束以后，我们会进入整个圆桌的嘉宾讨论环节，讨论的主题是"如何理顺投融资服务机制"。

首先请允许我介绍今天的第一位主讲嘉宾，工行私人银行部副总经理陈坚先生，陈总会为大家带来《中国财富管理市场新趋势、新方向》的主题发言，有请。

陈坚：2018年3月27日是我们工行私人银行部成立10周年。10年来，在客户的认可和支持下，我们树立了行业地位与市场口碑。当然，与中国改革开放走过的40年相比，与国外私人银行业务发展几百年的发展历程相比，中国私人银行业务还算是一个年轻的"小字辈"，尚在奔跑的路上。今天跟大家汇报一下我们对财富管理行业新发展、新趋势的一些认识和看法，以及下一步的谋划和举措。

今天我想讲两个方面的内容：第一个方面是关于中国财富管理市场发展的新趋势；第二个方面是关于工行私人银行业务专属服务的新能力。

第一方面，中国财富管理市场发展的新趋势，概括起来有四大特点。

（一）全球第二大财富管理市场已经形成。

截至目前，中国财富管理市场规模已达140万亿元，2017年中国GDP总量达到82.7万亿元，高净值家庭数量超过240万户，全球第二大财富管理市场已经形成。前些年，国内整体财富的增速已达21%，预计未来几年有所放缓，但是增速仍达13%左右，目前国内高净值家庭的可投资金融资产总量为63万亿元，预计未来5年仍保持15%的年增长率，两位数的增长速度不算低。

（二）私人财富资产的配置结构正在发生较大的变化。

大家都知道，中国是储蓄率最高的国家之一，一段时间以来，中国居民净资产结构中储蓄占比虽然在下降，但仍然高达50%以上，储蓄转化为金融资产的过程，就为我们提供了巨大的市场机会。从2017年开始，监管机构对资管行业加强监管，陆续出台了一系列的制度办法，随着2018年4月27日《资管新规》出台，标志着资管行业从野蛮生长进入到完善规范，这是未来财富管理领域面临的重大挑战。

根据各类金融资产的增长率来看，尽管储蓄的年化增长率已经比较低了，但是股票和基金的年化增长率更低，不同的是信托和私募的增长比较高，当然这有基数比较低的因素，但这也反映了高净值家庭的主要投向。我们发现，保险和企业年金增长不是太快，对高净值家庭来讲，未来保险的配置还有比较大的空间。针对现有的私人财富资产配置结构，我们还将面临严峻的挑战，包括信用债违约、城投债违约，甚至P2P公司跑路等。接下来，客户、资金回归传统商业银行将是大势所趋，一方面高净值客户逐步接受专业机构的管理价值，另一方面对投资回报率也开始形成更加理性的预期。

（三）高净值人群的服务需求正在发生变化。

第一大趋势，整个财富管理目标出现分化。这跟客群的人生阶段是有关系的。按年龄划分，20~40岁创造财富的欲望是最旺盛的。40岁以后成家立业，追求财富安全和财富保障的需求就明显上升了，同时财富传承的需求也在上升。经过大数据分析，目前国内超高净值的人群中超过一半比例的人正在考虑财富传承，比如说家庭财产的分配问题、遗产税等。

第二大趋势，就是风险偏好出现分化。随着2018年"资管新规"实施以及一系列风险事件的发生，我们的客群从执着于刚性兑付逐渐过渡到接受风险收益。根据抽样调查，从投资收益预期和风险偏好的角度来讲，大约12%的群体极端厌恶风险，只投资储蓄和国债；75%的客户允许收益有些波动，甚至允许本金有少许损失，愿意投资理财和信托产品；还有13%的客户希望能够通过投资赚取更高的回报，甚至能够承担一些或者比较大的本金损失，可投资股票、基金甚至PE（Private Equity，私募股权投资）。

第三大趋势，产品和服务也发生了变化。目前高净值客户人群以"创一代"为主，"创一代"辛辛苦苦打拼天下，非常自信，原先倾向于自主投资。但现在"创一代"也开始接受专业机构的服务，从仅仅关注投资产品的收益率转向寻求资产配置和综合金融服务。如果把客户打理个人财富的方式和对于财富管理机构的期望进行比较，那么客户对工行的需求不仅包括理财服务，而且还要求提供融资、非金融等综合金融服务，这也是我们下一步努力的方向。

（四）科技创新在推动私人财富行业的发展，数字财富正在崛起。

大家都知道，大数据、Fin-Tech（Finance Technology，金融科技）、区块链在财富管理中都发挥了关键作用。虽然目前金融科技还停留在客户识别、客户需求发掘及交易便利阶段，尚未真正实现智能配置。我们认为，对于高净值客户来讲，在预测偏好、确保执行合规性、预防诈骗等方面，金融科技还是非常有效的，但是在顾问咨询与多元配置的实操还有待探索。

第二方面，工银私人银行专属服务的新能力。

（一）自主管理产品的能力。现在国内100万亿元资管产品中，银行理财接近30万亿元，其中7万多亿元是保本理财，剔除后还剩22万亿元的银行理财，银行理财已经占据整个资管规模的大头，其中工商银行理财产品的占比最高，工商银行在产品管理方面具有较大的优势。目前私人银行部提供的自主管理理财产品余额是9300亿元，"资管新规"颁布后，我们逐步转化或者提前结束老产品，严格按照新规要求又发行了1000多亿元的新产品，今后整体银行理财产品将向全资产范围、全时间周期、多风险等级、长短期限匹配的方向发展，以满足客户多元化、差异化的资产配置需求。

（二）我们还给客户提供全市场的遴选服务。比如说权益类产品，我们通过遴选以代理销售的渠道来满足客户个性化、定制化的需求。遴选产品相对来讲，涵盖范围比理财产品大，一般来讲它的风险波动性也会比理财产品要高一些。今后工商银行私人银行遴选产品与自主管理的理财产品形成互补关系，这样就可以满足客户系列化、多元化的金融需求。

（三）工银私人银行专属的服务，就是专户的"一对一"服务。

对于一些高净值客户，我们会根据客户需求定制产品，在产品存续期定期与客户进行交互，这就是专户服务。专户服务的起点比一般标准理财高一些，是针对超高净值及极高净值的客户提供一种个性化、定制化的服务。比如为客户提供专属服务账户，为客户构建大类资产配置模型，为客户提供大额存单、私人银行理财产品、遴选产品，以及其他专项融资。最近我们在专户服务项下还提供了两款保险产品，也受到客户的欢迎。

（四）工银私人银行的全球服务。

从高净值客户的置业来看，大家可以看到，高净值客户对于资产配置的区域扩展路径。很多客户都是从实业起家，完成了资本的原始积累后，先在本地置业，接着可能在北京、上海等中心城市买房，为孩子读书提供便利。接下来，他可能会在纽约、伦敦买房，今后如果孩子出国留学，在国外生活工作也有落脚点；等到退休之后，可能会考虑在澳大利亚、加拿大置业，以备养老之需。所以，客户的置业需求是从当地到全国，再逐渐进入全球配置的阶段。因为我们采取的是客户跟随战略，所以我们客户的需求到哪里，我们的服务也会延伸到哪里。大家知道这两年工商银行在全球化经营的步伐还是比较大的，目前工行在45个国家和地区拥有400多家分支机构，可以为客户"走出去"之后在国外提供各类（开户、资产配置、融资）服务。

（五）工银私人银行提供家族财富传承服务。

修身、齐家、平天下。从管理个人资产到管理家族财富，我们还为客户提供家族财富传承的服务。当下"富二代"已进入历史舞台，二代接班成为很多高净值家庭考虑的问题。工银私人银行连续5年举办了"财智夏令营"，为高净值家庭子女提供培训与交流的机会，每次都受到客户的追捧。2018年我们还组织了四川凉山地区的公益活动，我们客户的孩子也有参与，效果非常好。下一步，我们将根据客户和家族需要，为客户提供财富传承、投资顾问、跨境咨询、金融咨询、事务管理等服务，帮助客户实现代际传承，打造百年基业。

最后我想再强调一下，2018年是工银私人银行3.0改革元年，我们提出"五个并重"：客户服务和产品管理并重、自主管理和遴选产品并重、国内外并重、金融与非金融并重、市场发展和风险管理并重，这是我们今后努力的方向。下一步，工银私人银行还要整合集团资源，为客户提供更好的综合金融服务，提供类似"金融超市服务"或"管家式服务"，满足客户及其家族的多元化需求，包括商务服务、信用卡服务及其他附属产品服务。

吴轶：感谢陈总提纲挈领地回顾了中国财富管理市场近期出现的新变化、新趋势。下面有请工银私人银行专户服务部总经理为我们分享投融资服务的实践经验。

徐鼎：私人银行业务在国内已经驭风而行，砥砺前行了10年，站在10年的黄金窗口回顾看，我们还有很多工具和服务没有到位，或者是基于现有的政策环境，或者是理念上没有到位，今天很想跟大家说说工银私人银行在前10年投融资服务这块我们做了些什么？接下来还准备做什么？我今天讲三部分内容。

第一部分是高净值客户需求的几大变化，来自几大背景，一是4月27日《资管新规》出台后，对整个财富管理市场有比较大的影响；二是国内私人银行财富有200万亿元可投资资产，年均增速是12%，这是一个很有朝气、亟待深入挖掘的蓝海，市场非常大；三是工银私人银行的最新数据，截至2018年6月末，工行私人银行客户已经有8.4万户，管理资产规模

达到1.46万亿元，与10年前相比取得了十倍增长。

第二部分是"资管新规"出台后对国内财富管理市场产生了深远影响，包括以下五个方面。

1. 客户过去财富管理的理念还是重固收、轻权益，要求刚性兑付，与资管产品净值化形成反差。一方面，与国内资本市场不成熟有关，另一方面，与前10年财富管理机构"跑马圈地"，大量做固收保本产品有关，这也是中国特色。

2. 产品的高定价成本和资产端的低收益不匹配。当下财富管理机构都面临同一问题，你的产品定价这么高，如果实际投资收益不能覆盖产品成本的话，就会形成倒挂。当一家机构的资产管理规模不大的话，管理风险是非常大的。

3. 客户对财富管理的观念也在提高，从简单的产品需求到资产配置，包括家族财富传承，都在深入地思考这些问题。

4. 财富管理机构也在反思，现有的组织架构、产品设计及服务模式是不是以客户为中心，帮助客户在市场环境变化时，减少财富损失的风险。

5. 未来还有很多业务机会，包括跨境金融服务、慈善信托、家族办公室、投融资服务等，我们认为这些都是下一步需要重点研究的领域。

第三部分，我想讲一下工银私人银行投融资服务的探索与实践。

这不是一个新课题，现在做得还远远不够。我们未来想做的投融资服务分为四块：一是以可计量、估值的资产为基础，建立私人银行客户金融资产服务体系，给予客户授信融资限额；二是金融资产质押投资业务，为客户提供金融资产质押表内与表外融资；三是薪酬收益权业务，以财产受益权为载体，为私人银行客户及其上市公司提供员工持股融资，2017年我们为30余家上市公司提供了50多亿元融资，受到上市公司的积极响应；三是艺术品融资业务，这项业务海外相对成熟，就是解决艺术品投资的流动性问题；四是我想分享一下隆巴德贷款业务，这是欧洲私人银行为客户提供的流动性管理工具，目前研究得不够，还没有成功案例。

接下来，我们要强调两点，第一，是在新的市场环境下，多元资产的配置变得越来越重要，目前多元配置以公募基金配置为主，今后非标、PE、遴选产品都要纳入多元配置体系；第二，我们将尽快推出基于大数据分析下的多元资产配置模型和服务平台。

今天我表述的观点简单总结如下：（1）当下对高净值财富人群来讲最重要的是活下去，应规避风险、减少损失，增加抵御风险的能力和工具，加大与专业机构合作；（2）未来的私人银行会有更多的变化，变革来自于技术推动的创新，一定是基于数字化技术和大数据分析的功能实现；（3）我们要回归财富管理初心，真正以客户为中心，帮助高净值客户打理好财富。

吴轶：非常感谢徐总给我们带来的分享。接下来进入到圆桌研讨环节，我们探讨三个话题。第一点，是关于理顺投融资机制的。大家都知道，投融资机制如果理顺了就相当于是新修建了一条比较好的水利工程，有助于金融行业回归本源，金融支持实体经济。如果投融资机制不顺畅，要么就是局部的大水漫灌，要么就会出现局部的干旱。所以当我们经常在讲"资金荒"的时候，我们认为"资金荒"不是没有钱，而是钱不想到你这里来。第二点，当我们讲"资产荒"的时候不是没有好资产，而是没有你想要的资产，所以从这两个方面来讲，我们现在迫切地认为要理顺投融资机制，要把水引到它想要去的地方。

宋敏先生是非常知名的专家学者，我们首先请宋敏先生为我们高屋建瓴地分享一下包括出台资管业务新规，规范银行表外融资，建设多层次资本市场这些理顺投融资服务机制方面的探索和思考。

宋敏：怎样才能把投融资做得更好？我讲一个背景，中国的资金还是比较充分的，从宏观经济上来看，我们的储蓄率是全球最高的，将近40%，但是同时企业的融资难、融资贵也是众所周知的问题。这个问题是什么原因造成的呢？首先是现在大部分的钱存在银行里，目前还是以大银行为主，也有股份制银行。他们对中小企业融资的服务是不够的，而消费基本上是没有的，对消费者的贷款只是刚刚起步。这么大一笔钱存在银行里，而银行提供的服务又没有惠及真正需要资金服务的地方。在这种情况下就有了"影子银行"，银行通过理财产品来满足储蓄者的需求，通过理财产品关联到信托、PE基金等。

现在"影子银行"出现很多乱象，特别是P2P领域，目前监管者的想法是，通过"资管新规"把钱逼到传统的正规银行体系里面去，我觉得这

是"一刀切"。4月出台的"资管新规"明确规定：至2020年底的过渡期内打破刚性兑付，要注重风险。但政策一出台，金融机构的反应是等不到3年再清掉，都想现在就把它清掉。因为越拖风险越大，所以资金无法流到"影子银行"或者是中小企业中去。需求方资金不清，企业就发不出债，包括AA+级别的都发不出来了。这就是"一刀切"的监管、运动式的监管。

另外，企业发债。企业要在交易所发债，需要要有好的评级，只有获得AA、AA+以上的级别才可以发债。很多公司会跟评级公司合谋，通过抵押、担保，把评级提到AA。因此，在AA级别的很多公司，水平良莠不齐，有些是包装的。在出现"资管新规"的时候，投资者的态度是"只要是AA我就不买了，因为我不知道你是好还是坏，是不是包装出来的"，这样就产生了流动性危机。幸亏中央及时意识到这个问题，又开始要求银行发更多的贷款。

总而言之，还是中国金融体系结构不合理，如直接融资不够，直接融资中的股权融资不够等，但是解决起来很难。股票市场问题很大，其实IPO要放开，退市也要加强，这样市场自然流动性就有了，才能留下好的企业，淘汰坏的企业。

谈到对外开放，现在金融体系出现了新的变化。在外部的压力下，我们开始主动地开放，而且随着开放力度的加大，外资进来后可以在证券公司、银行股权上有所突破，可以控股，这是一个新变化。昨天另外一个论坛专门讨论了"外资来了怎么监管，有没有与之相匹配的监管能力"的问题，但是开放的方向是对的，我们不要怕"狼来了"，我们可以与狼共舞。此前加入WTO的时候，我们也非常担心，但事实证明，20年之后，外资并没有在中国的金融体系里起到很重要的作用。所以即使外资来了，他们还是要了解中国的监管政策、商业模式，这并不是一件简单的事情，所以我们无须担心。但随着金融体系的放开，会有新的外资进来，这对我们会产生"鲶鱼效应"。

关于数字金融，最近P2P出了很多问题，但其实不是P2P的模式出了问题，而是监管没到位，监管没有理解P2P到底是什么。做P2P的很多并不是做真正的金融，而是打着P2P这个旗号在欺诈。如果P2P只是信息中介，不做担保、不做资金池，其实是可以的。我们不能因为P2P出了问题就开始180°转弯，当年对P2P的纵容本身就有问题。

中国的问题应该很复杂，有很多系统性的问题，有监管能力的问题，有创新、监管及开放之间的问题。事情要一步步地做，但一定要开放，要对内对外都开放，不断提高监管能力。

吴轶：虽然现在整体的金融体系结构不合理，但在单点需求、单点领域上，金融机构还可以做很多连接投融资服务的实践和探索，要把高净值人群的投资和融资连接起来，金融机构的互相协同实际上越来越重要，只靠银行、信托、基金、保险其中的某一家机构很难做到满足高净值客户对整体服务的需求。所以我们认为银行要搭建整体的服务平台，信托要提供法律价格，基金、保险、券商要提供可以遴选的产品和服务。庆斌总是这方面的专家，所以我们想听一听庆斌总在这方面的感悟。

吴庆斌：实际上以前家族信托办公室在中国是没有制度和法律基础的，2018年8月23日，中国银保监会正式下达了通知，允许搞家族信托，这才真正有了制度基础。

什么是家族信托呢？家族信托在法律上称之为"益信托"。简单地说，让老婆管好老公的私房钱，这是一个法律难题，现在通过家族信托是可以实现的。老公的钱委托给老婆管，受益人写上老婆、老公和孩子，这对中国的财富管理市场是一种颠覆。

经过30年的财富积累和10年的高速增长，我们经历了三个阶段。第一阶段，在1.0时代，主要是追求高收益产品；第二阶段，就是资产配置、分散风险。特别是经历风险（例如被P2P骗了）之后，大家意识到分散风险的重要性；第三阶段，财富传承和代际交接，这靠家族信托是能够实现的。

吴轶：家族信托一旦建立起来，对资本市场来讲是引入了长久期的投资资金，这样就可以以权益和股权进行资产配置，这可以改善当前高净值人群资产配置不合理的现状。现在的资产配置主要以存款和固收，以及高流动性的货币基金为主，而以股权和权益及另类投资等方式进行资产配置的还比较少。

下面有请王启富分享一下高净值人群在投资方面的新方向和新目标。

王启富：1993年我就开始做投融资业务了，当时主要是帮企业融资。这二三十年，中国投融资之所以发展得快，主要得益于改革开放。说到监管，监管的方向应该是改革开放，尤其是开放。目前限制比较多，影响了投融资。作为私募基金，我认为未来的投融资领域会产生新的机会。

第一，股权投资是未来新的投资人的发展机会。原来理财更偏重债、固定收益方面，未来股权投资的机会会有很多，尤其是聚焦消费升级和产业升级上，包括文化、体育、旅游、大健康等领域。

第二，产业升级。人工智能，尤其是智能制造、智能服务，也是未来的一个投资方向。

第三，全球的资产配置。尤其是房产跟教育在海外的结合，也是当下的热点和机会。

金海年：我首先声明一下我的发言仅代表个人意见，跟我所在的单位也没什么关系。

我之前是做财富管理工作的。首先，总体上来讲，中国的私人财富有200万亿元，但是把中国股票市场的市值、债券市场，还有信托的26万亿元等都加在一起，刚达到100万亿元。要想取得超额收益，一定有大量的在股票市场、债券市场及期货市场之外的投资。私募股权基金另类投资其实应该是主流投资。另外，不仅要投在国内，还要全球配置，大类资产配置是必然的趋势。PE/VC（Venture Capital，风险投资）及一些新金融，比如供应链金融、消费金融等，都是未来发展的大方向。建立一个真正的大类资产配置体系，是中国老百姓及财富管理行业面临的一个重大机遇。

其次，在面向全球投资方面，中国人控制的全球资产越多，人民币国际化进程就越快，中国主权也更强。不能国外限制中国人购买，中国自己也限制中国人购买，这不利于人民币的国际化。此外，对外开放要对等开放，不能外资进来而我们却不能走出去。

隗红：我们是私募机构，在私募机构我感触最深的有两个方面。

第一是投资方面。投资最大的金融风险就是资产池的问题。2018年做投资，视野要全球化，国内产品要混合化。

第二是债券产品的机会。债券市场最大的特点，是投资者的风险偏好一致。我们可以根据"资管新规"的监管变化，发掘一些投资机会。例如，我们设计了投资信用债的产品，如果充分分散的话，这类投资可以有非常好的投资回报。从企业端来说，一定要做好负债管理，融到的钱都是债，将来还是要还的。因此，企业做好负债管理是非常重要的。

03

创新与未来

人工智能未来的空间是非常大的。怎么证明AI的价值呢？就两个字——落地。

用"芯"赋能城市未来

文 余凯　地平线创始人兼CEO

现阶段，无论是生物制药、造火箭，还是地平线一直在做的人工智能芯片，它们的研发门槛、技术门槛都是非常高的，并且需要长时间的积累。这也从某种程度上说明，中国的创业从过去十多年以来，一直得益于巨大的人口红利的商业模式创新阶段，现在到了需要对核心硬科技做技术突破的新阶段。那么，人工智能芯片究竟将如何赋能未来的城市呢？

城市是大数据产生和集聚的地方。例如我们生活中的交通、社交等方面的大数据，这些数据将会驱动计算模式进行变革，进而使人工智能成为一个强大的需求。这将告别过去的美国英特尔公司所引导的、通用的基于逻辑的计算。未来，越来越重要的将是数据驱动的人工智能计算，这一切将使得城市的生活更加安全和便捷。但这一切需要强大的计算力量来做底层基础的支撑，才会使这一切愿景成为可能。无论是智慧城市、楼宇，还是自动驾驶，所有的这些应用背后，最底层的核心实际上是AI处理器。从未来50年的发展趋势来看，投资算力将是一项非常好的生意。

> 从未来50年的发展趋势来看，投资算力将是一项非常好的生意。

2015年7月，当地平线公司成立的时候，英伟达的股票还没有涨。在我们融资的过程中，英伟达投资了地平线，它的股票在过去两年多的时间里增长了十几倍，这只是一个时代趋势的开始。

地平线从2015年7月成立到今天，已经3年有余，从创业的第一天开始，大部分人并不理解地平线为什么要做人工智能芯片。2015年，

AlphaGo（阿尔法围棋）还没有产生，"深度学习"对大多数人来讲都是崭新的名词。地平线决定不做软件，而是去做芯片，我们是中国第一家人工智能芯片的公司。到今天，地平线已有正式员工800余人。2017年，我们已经发布了第一代量产的人工智能芯片，2018年将会在几个场景中去做商业化的落地，这期间我们已经取得了长足的进展。

在创业的这3年时间里，也有些事情是我始料不及的，主要有两件：第一件是创业从技术研发到商业化落地、到打造一个强大的团队，它的难度远超我的预期；第二件是中国人工智能投资的进展速度，这里面产生的泡沫也超越了我的预期。当然在这种大环境下，地平线能够乘势而上，其实是一个受益者，但对我们来讲，还是需要回归初心，去思考怎样创造价值、怎样把企业做好、怎样把人工智能和中国芯片做好。

我们2017年发布的第一代人工智能处理器，通过智能辅助驾驶和视觉计算，主要应用在智慧城市、自动驾驶的场景中。我们的处理器坚持"软硬结合"，相对于主要竞争对手美国公司英伟达来说，我们展现出了独特的技术优势：我们的软件、硬件的联合优化，比他们更加先进，所以我们的效率能够做得很高。这里面核心的效率，就是在单位功耗内，我们是否能够完成更多的计算。

地平线很幸运，2018年以来，人工智能处理器突然受到了社会各界更多的关注和重视，但要想做好这件事，不是能一蹴而就的，需要长期的、艰苦的努力和付出。地平线希望10年小成，20年大成，我们公司反复跟年轻的工程师们灌输的企业文化，就是要耐得住寂寞：如果想要快速发展，不要来地平线；如果你愿意去做10年、20年的努力，可以来地平线。地平线希望，经过发展，到2025年公司成立十周年的时候，能够成为全球最大的AI芯片公司。

地平线一直坚持软件硬件的深度结合。目前全球只有两家公司在坚持软件硬件深度结合去提升计算的效率。当然在移动时代，苹果公司史蒂夫·乔布斯一直坚持软件跟硬件的深度结合，所以苹果的产品、功耗永远做得最低，它的系统启动时间永远最快。

对于人工智能计算，地平线所坚持的软件硬件深度结合，在整个行业里是具有前瞻性的。人工智能芯片现阶段在整个城市计算里，主要聚焦于三个重大的场景：首先是自动驾驶，自动驾驶关乎人的生命安全，它的可靠性要求是最高的；其次是智慧城市；然后是智慧零售。

地平线征程系列的处理器主要是面向自动驾驶，年初在美国CES（International Consumer Electronics Show，国际消费类电子产品展览会）的开放道路上进行演示，通过低功耗在车载端对周围的环境做实时的感知、计算。到今天为止，地平线是走在世界前列的，包括在复杂的场景之下。

同国际上最强大的竞争对手相比，在车载处理器这个领域，我们能够用更低的功耗做更多的计算，这样的效率使得我们在车载系统上不需要去做水冷系统，我们的系统可以在车载上直接部署。

美国现在一共有600辆四级自动驾驶汽车，分别在美国的6个城市运营，其中将有200辆四级自动驾驶汽车用的是地平线的人工智能处理器。完成同样的计算，英伟达的处理器需要用到超过1000瓦的功耗，我们大概是110瓦。从2018年开始，我们已经是在全球部署的规模最大的四级无人驾驶的人工智能处理器公司。

人工智能处理器的应用过程中，在智慧城市里这种密集人群的抓拍、识别，都是在使用地平线的处理器。这个计算是在低功耗的摄像头端处理的，不是在服务器上处理的。这个处理器会让人工智能从当前的POC（Proof of Concept，验证性测试）阶段迈向大规模的部署阶段。应用案例有我们跟百丽做的，利用摄像头端的超低功耗的人工智能处理器去做顾客行为的分析。2018年Mary Meeker互联网报告里面两处提及了地平线的技术创新，其中包括在百丽的场景下面做的这种顾客行为的分析。

我们的愿景是做一个人工智能时代的赋能者。我们会在前端、边缘及云端去研发、去提供算力，去赋能各个垂直应用场景的落地。我们希望地平线所打造的AI处理器能够成为人工智能在产业落地中的好伙伴，成为一个赋能者，我们希望把底层的算力做好，推动中国乃至全球人工智能的发展。

中国民营火箭从0到1

文 舒畅 零壹空间CEO

2018年1月18日，国家民航局开始允许乘客在飞机上不关机，打开飞行模式即可。第二天我成功在飞机上发了一条朋友圈，我是如何做到的呢？我的手机信号发出去以后会立即连到飞机顶上的天线，这个天线接入卫星，卫星再接到地面基站，这条朋友圈就发送成功了。

在飞机上成功发送朋友圈之后，我一直在思考一个问题，以后乘客是否可以在飞机上联网？世界范围内有许多公司想满足乘客在飞机上上网这一需求。2015年，习近平总书记第一次把军民融合上升至国家战略，美国总统特朗普随后签署了两个商业太空法令，我将其总结为三句话：第一，凡是民营企业能做的，军方优先采购民营企业服务；第二，凡是民营企业能做的，但仍未达到军用标准的，军方应该用技术牵引，使之达到标准后进行采购；第三，凡是民营企业暂时还做不了的，军方应该设立专项基金支持民营企业研发，然后采购民营企业的服务。简言之，就是军方的需求应该结合民营企业和市场经济，可见在民营航空行业的发展上，美国的意识很超前。

2018年7月，我们在英国参加国际航展时，英国首相特蕾莎·梅也到了现场，并当场宣布英国将投入3亿英镑支持英国的商业卫星公司和商业小火箭公司的发展。英国对于商业卫星重视，是因为他们也逐渐意识到未来商业火箭会极大地改变人们的生活。以往发射卫星都是由国家和政府层面牵头，而现在的航空创业公司主要集中力量推动卫星的组网，进一步解决与人们生活息息相关的一些问题。例如我刚刚提到的飞机上联网的问

题，如果我们能够解决在飞机上上网的问题，随后也必定能解决海洋上上网的问题，甚至还能解决偏远地区上网和看电视的问题。事实上，我们日常看到的转播球赛都是借助卫星技术，只不过这些卫星技术目前还没有应用到人们更具体的生活中。

人们都知道的一家航空公司——SpaceX，发明了神奇的可回收技术，即火箭飞出去了可以再飞回来。单从技术和成本的进步上来讲，这还只是一小步，更大的一步是火箭能够反复往返，这意味着它会越来越像一个交通工具，甚至可以实现人们在太空站住一晚酒店再飞回来的梦想。

除了美国，俄罗斯也是一个航天大国，但是前不久我去俄罗斯参加航展时发现，他们迄今为止还没有一家民营的航空企业，而中国的商业卫星公司已超过40家，类似我们零壹空间这样的火箭商业公司已经超过5家。国家从2015年开始对民营航天行业逐步重视起来，并将它作为改革开放40周年最后一年的重点行业来进行改革。但相对于美国这些发达国家，我们起步要晚10几年，行业投入资金相对较少。据了解，在过去的10年中，美国人在商业航空领域的投资达到了130亿美元，我们零壹空间的整体融资规模大概也就1亿多美元，全行业也不超过5亿美元，相比于美国在这个领域的投入来说是非常小的。但中国在商业航天领域具备非常好的工业基础，在人才、资本包括技术方面的积累也十分雄厚。

2018年5月，零壹空间在西北某基地进行了首次火箭发射，这也是我们国家的成绩之一。这次飞行是一次比较简单的单级火箭飞行，但从发动机到控制系统，到地面跟踪数据及地面测发控系统，全部都是由我们零壹空间自主研发的。2018年9月，我们这枚火箭在酒泉还有另一次发射任务，也是中国民营企业第一次在国家发射场进行商业火箭发射。2018年年底我们会推出第二款产品——OS-M，M系列的运载火箭也是全世界总价最低的火箭，但我们的发射服务和性价比却具备极高的竞争力。

火箭发射技术达到以后，如何通过卫星来改变人们的生活？例如，首先，可以通过微小卫星的组网实现导航、遥感及通信的应用；其次，火箭制造的成本降低后也可以大大提升卫星组网的效率，零壹空间会专注在这个领域并脚踏实地走好每一步。

3年前，我创业的时候常常被认为是个骗子，甚至有人说我想钱想疯了，但我心里却常常想，真正想赚钱的人不会选择航空领域，因为这是个苦活儿，但我愿意踏踏实实干好这个苦活儿。我坚信中国的民营经济、民营企业，就像我们的火箭创造发射之路，路途虽然艰辛，但是终究会有腾飞的那一天。我也坚信我们中国的航空航天未来会更加美好。

3年前，我创业的时候常常被认为是个骗子，甚至有人说我想钱想疯了，但我心里却常常想，真正想赚钱的人不会选择航空领域，因为这是个苦活儿，但我愿意踏踏实实干好这个苦活儿。

AI浪潮与挑战

打败李世石的 Alphago 翻译不出一句像样的中文语音，推而广之，专用智能只能干好单一领域的事，它们是专才，而非通才。存在能干好所有事的通用智能吗？终极算法是人类永恒的诱惑，它还很遥远吗？人工智能的奇点什么时候到来？终极算法对人类的未来意味着什么？如何应对 AI 和终极算法所引发的就业、伦理等一系列挑战？

在 2018 年亚布力论坛夏季高峰会上，联和运通控股有限公司董事长张树新，信中利美国创投公司创始合伙人王维嘉，第四范式联合创始人、首席研究科学家陈雨强，小 i 机器人创始人、董事长袁辉，物灵科技创始人兼 CEO 顾嘉唯，脉脉创始人兼 CEO 林凡，图灵机器人创始人、总裁俞志晨，蓝胖子机器人 CEO 邓小白，就上述问题进行了深入讨论。虎嗅网创始人李岷主持了该场论坛。

李岷：欢迎大家来参加人工智能分论坛。由于 Alphago（阿尔法围棋）打败了李世石，这两年人工智能大热，从 VC 到创投，从产业到政府都在对这个领域加大投入。但同时，人们在人工智能领域也有很多争议，对它是否是泡沫或者能否应用在生活中还有诸多质疑。这两年中国在人工智能领域产业的发展中，最大的突破是什么？同过去两三年前相比，现在人工智能最大的"瓶颈"又是什么？

袁辉：中国同美国间的 AI 竞争是一个大话题，我在美国也考察了很多项目。AI 有三个要素，算法、高质量数据、特定的应用场景，这三个要素缺一不可。中国的普通观众会把目光聚焦在算法层面，而欧美则在基础研究方面有着较强的实力。

中国从移动互联网开始就已经在应用上领先了。在AI的应用上，中国也保持着全球领先的态势，所以中国AI的发展情况，是从应用着手驱动数据，再去拉动算法从而不断演进，而欧美是倒过来的。

AI在中国甚至全世界遇到的最大的挑战，是过去的两次浪潮都失败了。以后还有没有机会？如果所有人还是停留在谈论层面，不能有效地把它转化成产业，那么AI产业十有八九还会重蹈覆辙。所以对AI创业者来讲，如何更快速地把科技变成产业是很关键的。

我们在这一领域已经做了十几年，早几年的时候跟现在的创业者一样，心中想的都是科技、梦想、融钱和烧钱，不断地尝试新的方向。而几年之后，我们发现，资本是有尽头的，走到某一阶段，资本就会要求变现。现在GP（General Partner，普通合伙人）融不到钱，LP（Limited Partner，有限合伙人）也融不到钱，AI也会面临着很大的挑战，我们也都会去想怎样把它变成现实。每个公司的阶段不一样，但最后都会遇到这个问题。过去两三年，投资人在AI、区块链投入很大，但很多投资人都会问：第一，你是概念还是概念机？概念机卖了多少台？第二，谁向你的科技付了钱？你的科技用在了什么场景？你说你的技术全球领先，谁来给你背书？对所有创业者来说，这些问题都是一个个重大的挑战。

陈雨强：我们是To B（To Bussiness，面向企业提供服务）的服务公司。我认为人工智能已经脱离了要证明自己价值的阶段。搜索、广告这样的技术已经成就了非常多的公司。人工智能本身，提升的是企业运营的效率，但企业运营效率的提升并不是互联网公司的专利，能源、医疗、教育等各行各业都可以用人工智能技术进行探索和营销，所以人工智能未来的空间是非常大的。

我认为，在现阶段，人工智能公司的收入不是最重要的，而为客户创造出更大的价值才是最重要的。每家企业都处于不同阶段，但一定要为社会创造价值。

> 怎么证明AI的价值呢？就两个字——落地。

怎么证明AI的价值呢？就两个字——落地。如何尽快落地？其最大的"瓶颈"有几个方面，

包括算法、数据和技术资源等。

算法方面，主要是人才的问题。现在AI对技术人才要求极高，AI人才的报酬也是非常高的，因为人才资源很少。怎样把限量供应的变成大量供应，这是一个很大的"瓶颈"，也是需要解决的问题。

还有数据方面的问题。AI数据的价值，是要面面俱到，让所有的信息全部反馈给机器，不能抽样，不能抓大放小。所以AI时代也需要大数据，但这些大数据需要重新建设。

顾嘉唯： 今天AI碰到的问题是，无论是无人车还是语音交互，输入端是非常不确定的，包括我们现在做的图像识别。其中会面临投资人看不懂的问题，对于有些投资人，你很难跟他讲清楚技术的难度和门槛在哪儿。

林凡： 从Alphago打败李世石到今天，大家对AI都比较关注，但AI算法本身并没有发生革命性的变化。但为什么它会突然爆发出来？有两个因素：一是计算力的提高，二是数据的爆炸。这两年来AI在中国的变化主要体现在两个方面，一个是C端的，特别是人脸识别相关的图像处理的应用，已经产业化了；另一个是To B的，在To B领域大部分AI应用还处在对数据的加工和处理阶段，通过数据加工处理产生商业价值。总之，AI这两年的成绩和进展主要体现在To C（To Customer，面向终端消费者提供服务）在图像、视觉方面的进展以及To B在数据上的应用。

关于"瓶颈"，技术上的"瓶颈"就是人机交互。大家希望电脑和人之间能够有自然的语言交互，但目前还没有明显的突破。

另外一个"瓶颈"是人才。已经有越来越多的人关注到AI，投入到AI产业中来，我认识的很多原来做系统工程的工程师都转行去做AI了，但人才依然紧缺。

还有技术上的其他"瓶颈"，深度学习对高维的数据有较好的处理能力，但对日常生活中的数据处理还有所欠缺，日常生活数据处理主要需要逻辑推导和泛化的能力。

俞志晨：现在人工智能落地是一件很不容易的事，很多公司都比较理想化，而在落地时是会有落差的。图灵最重要的落地场景是儿童。儿童场景在2018年迎来了爆发的机会。当前人工智能整个行业的机会跟2000年左右的互联网是一样的，同汽车客服、智能家居、儿童教育，甚至养老、广告等很多领域都有所结合。但每个场景的周期不同，有的场景周期很长，有的场景周期则很短。

我们公司从2015年开始探索，到2016年落地第一代产品，再到2017年市场小爆发，2018年市场大爆发，经历了差不多3年的时间。2015年，我们也评估过要不要在汽车上做人机交互，但很难做，环境特别复杂。在汽车上做人机交互，与在儿童机器人上做人机交互，技术门槛差了5~10倍，面临的技术挑战也不同。另外，汽车企业都是巨头，创业企业想跟这些汽车公司谈合作很难。而儿童场景的公司基本都是创业公司，与他们谈合作比较容易。还有产品周期，迭代一款汽车人机交互产品需要3年时间，而迭代一款儿童机器人产品只需半年到一年的时间。在后续升级和数据反馈方面，儿童机器人迭代效率会高很多。

AI在各个领域都拥有很多机会，在每个场景拥有的机会和空间不同，但不管在哪个场景，AI的机会都一定会到来的。

邓小白：这两年在To C领域的应用上，AI已经做得很好了。我们是做To B的，To B会有更多"瓶颈"。因为To B领域面对的都是比较传统的企业，首先在说服这些企业使用人工智能时，沟通和教育的成本非常高，找应用场景就是很大的"瓶颈"。

第二，人们对人工智能的期望过高，关于AI会替代人类的幻想较多，我们要花很大的精力去管理客户、投资者、整个市场对于新技术期望的节奏。

第三，中国AI产业发展还处在应用和基础研究的阶段，包括深度学习。有底层技术的公司很少，硬件就更难了，因为硬件还涉及工艺各方面，是非常复杂的。这是AI在短期内所遇到的一些"瓶颈"。

王维嘉：人工智能处在什么阶段，有没有泡沫，是投资人比较关心的事。现阶段人工智能还没有发展到顶峰。和20年前的互联网比，人工智能泡沫小多了，现在人工智能公司都有具体的应用，已经看不到靠概念忽悠的公司了。但泡沫是肯定存在的，主要集中在自动驾驶公司，而泡沫通常是由错误的收购造成的。投资人多数不懂人工智能技术，这是和互联网有巨大区别的地方。

> 投资人多数不懂人工智能技术，这是和互联网有巨大区别的地方。

投资人工智能，需要懂一些算法，但这是很专业的东西。而互联网，多数人都能看懂，因为互联网是商业模式。马云不懂互联网技术，但他可以创造伟大的公司。很多不懂的人觉得红杉投了、IDG资本投了，所以我也要投。早期的公司投资"羊群效应"非常强。包括美国，一线公司投的也未必是好公司，因为也不一定懂。这是造成泡沫的重要原因。

关于"抢赛道"的问题，其实这是一个巨大的误区，当年投资互联网的时候，大家最后的体会是：我只要投到第一名，不管多贵都不贵，因为最终会只剩这一家公司。所以，大家现在用互联网思维来投资AI，但AI并不是这样。比如，中国至少有100家做人脸识别的公司，这家公司人脸识别准确率是99%，另一家是98.5%，但这并不重要，因为最后拼的是销售，所以一旦面对用户，就很难出现赢家通吃的情况。大家按照互联网的"赢家通吃"这一逻辑来投资人工智能，是造成泡沫的第二个原因。

中国的AI非常领先，特别在人脸识别领域。但应用的发达能驱动算法和芯片的发展吗？不能，因为算法的突破并不依赖于数据。数据的发展本身可以使你的数据变得更有效，但并不能促使算法本身获得革命性或本质性的进步。

张树新：在AI领域，顶尖的技术人才出身的CEO比较多。2017年我问维嘉，AI的投资热潮和创业热潮已经开始，如果不算以前的科学基础部分，现在相当于当年互联网大潮的哪一年？维嘉的回答是1994年。1995年，互联网才有了资本驱动的热潮。

互联网的逻辑一直是资本、市场、技术三者轮换驱动发展，导致人类社会数字化变成了全球一个巨大的平台，当前这一波AI是在这个平台基础之上重新启动的。2016年AI的热度最高，那是资本驱动所导致的。中国有许多AI的重大场景和大量数据。不过，今天上午东软集团董事长刘积仁也一直在讲，医疗是AI最重要的应用场景，但其中从大数据的重新标注到真正的医疗体系中各种要素的打碎重组，这些工作谁来做、怎么做？这是现在遇到的问题。

另外，过去20年互联网发展的逻辑是从技术想象驱动到资本驱动，最后到市场驱动。那么AI发展是什么逻辑？应用场景和大数据最后会推导出算法吗？中国是世界上最大AI应用场景，也是数字化渗透率最高的国家，尤其是移动的数字化渗透率，它跟AI的技术短板有什么关系呢？这是我对AI的一些思考。

李岷：中美两国目前在人工智能上都投入很多。我最近看到有很多报告对中美两国人工智能产业发展进行评估，我们也请在座的各位打一下分，从0~10，中国的人工智能产业综合实力目前可以打几分？美国又有几分？中国接下来的突破口在哪儿？

王维嘉：在应用方面，中美两国各有千秋。

美国在自动驾驶领域实力更强。全球有上百家自动驾驶公司，假设自动驾驶100分表示完全进入实用阶段，那么Google可获得60分，其他所有的公司得分都不超过20分。在自动驾驶上，Google已经做了9年，花了巨资，即使你和它一样聪明，但你只做了两年，你的实力也不可能与它接近。自动驾驶这件事是靠数据和训练磨炼出来的。

在人脸识别领域，中国遥遥领先。而在其他领域，如医疗方面，中美两国实力相当。但在基础的算法和芯片上，美国是绝对领先的。中国有没有机会翻转？我们可以借鉴上一轮PC的经验。当时PC（Personal Computer，个人计算机）被英特尔和微软两家公司控制，中国做了很多工作，从国家到民间做了30年，最后也没有取得成功。原因在哪里？在于写一个操作系统可行，但建一个生态是非常难的。美国在整个人工智能的芯片、研发环境、软件环境等方面已经形成了一个几乎不可撼动的生态系统。中国不是说不可能翻转，但我认为非常难。

> 美国在整个人工智能的芯片、研发环境、软件环境等方面已经形成了一个几乎不可撼动的生态系统。中国不是说不可能翻转，但我认为非常难。

前段时间，李开复提出了一个观点，认为在未来的AI竞争中，中美两国是绝对的统治者，其他所有国家都会被殖民，我不同意。原因非常简单，本质上AI是一门To B的生意。因为To C的生意早就被互联网公司自己做了。Facebook、阿里巴巴有数据，有巨大的AI研发团队，To C的数据被他们攥在手里，他们自己已经做了To C的生意，你要做就只能开发他们没有做过的，比如儿童教育。如果AI是一门To B的生意，现在在国内做都是一件非常难的事，要想进入英国、德国、日本等其他国家更难，因为进入门槛非常高，你到了国外，门朝哪开都不知道。正因为它是To B的生意，所以中美两国没有办法像互联网一样统治世界。虽然美国的互联网公司，比如Google、Facebook现在横扫欧洲、非洲和拉丁美洲，除中国之外全是他们的市场，但在AI上，我认为他们的应用公司是进入不了这些地区和国家的。

所以，我认为，AI未来的整个格局与互联网不同，它们的核心区别就在于，互联网本质上是To C的，而AI本质上是To B的。

俞志晨：过去互联网公司掌握的数据确实很多，但数据有很多维度。AI领域有两类公司。一类是类似于十几年前做软件自动化工作的公司，用AI技术做软件自动化工作。另一类公司则利用大数据进行产品的服务创新。过去很多互联网公司，像百度，会用AI技术来提升它的搜索效率、广告效率。在这之外，在互联网，包括家庭、车载等场景，还有很多空白的机会等待创业公司去挖掘。物灵产品收集的是儿童读绘本的数据，能够将儿童阅读的数据通过设备收集在一起，我认为这其中有很大的机会。

要做AI，可以通过原来既有的设备，如手机和PC这些入口进入，但创业公司在这方面已经没什么机会了，而在新品类中还有机会。新品类有很多，不仅有面向儿童的、婴儿的及学前的设备，而且还有面向老人的一些穿戴设备，这些设备其实不仅是硬件方面的机会，而且还是硬件背后的软件服务的机会，其中的价值目前为止还远远没有体现出来。

林凡：回到中美AI产业比较上，我有不同的观点。

我认为，在自动驾驶方面现在做得最好的是特斯拉。因为特斯拉有汽车上路所有的数据，他们内部在做自动驾驶研发和测试时有第一手数据。Google真正在汽车上路方面的数据规模还很小。

以PC时代类比AI时代，从而得出中国没有发展机会的结论，我是不认同的。AI跟PC架构方面最大的差别在于PC的图灵架构，这么多年来电脑一直是遵循硬件的架构，它的硬件架构决定了其上层的软件系统，上层软件系统再决定上层的应用，是自底向上、从硬到软的过程。但AI

体系中最大的变数在于AI的算法。为什么现在AI要使用GPU（Graphics Processing Unit，图形处理器）架构来支撑？是因为现在使用的是深度学习算法。我一直认为，深度学习的这套机制与大脑的思维逻辑是不完全一致的。如果有另一套新的完全颠覆当前深度学习的算法出现，支撑现在所有的基于学习和计算的体系，那么整个GPU的体系架构就废掉了，我们就可以使用另一套算法和操作系统。操作系统对于底层硬件有新的要求，于是整个生态就会发生变化。AI的核心算法目前还没有实现大的突破，主要的理论模型是在二三十年前就已经定下来的，这么多年来只是在对抗学习等"术"的层面上有一些变化和优化。如果有"道"的层面上AI算法的变革，那中国是有机会翻盘的。

> 如果有"道"的层面上AI算法的变革，那中国是有机会翻盘的。

至于To B和To C场景的应用，大的To C公司拥有足够多的数据，所以AI的发展和应用一定要基于深度学习这套机制和大数据，但有一些AI跟大数据是无关的。我们真的无法判定下一代AI是什么样的，因为今天AI基础科学的研究还没有到达一个突破的点。我们不能用PC架构来模拟AI的架构，不能用美国在PC领域的强大来类推在未来10~20年中国没有机会在这个领域翻盘。

王维嘉：首先，我们俩都同意如果沿着深度学习的方向走，盘是翻不过来的。现在就要看一下其他的算法，现在其他的算法最主要的是概率语法图模型。

的确，目前在美国不是所有的人都在研究深度学习，有少数学术界的人认为深度学习不靠谱，是低等动物的反应，没有智能，那么我们来看一下高等智能。高等智能主要是建立在语言之上的逻辑推理能力，是基于因果关系的学习，概率语法图模型就是基于因果关系的算法。假设概率语法图模型算法有了突破，它需要的计算能力是什么呢？就是CPU（Central Processing Unit，中央处理器）。CPU擅长逻辑控制、串行运算，GPU擅长于做并行计算，除此之外，我们今天并没有看到第三种计算架构。当然，你可以说，理论上可能会出现一种新的算法，其所需要是一种既非

CPU又非GPU的架构。但从投资人角度或者从创业人的角度来说，这种可能性虚无缥缈，在20年内AI使用的仍会是这两种架构。其他的进化算法现在也有人在研究，这些研究计算的架构或者依据于GPU，或者依据于CPU，第三种不同于这两种的计算架构基本没听说过。

因此，这就是我前面所说的结论的基本依据。中国翻盘的概率，我不是说没有，但非常小。

顾嘉唯：我发现，其实在中国互联网公司，有很多的产品和技术是相冲突的，这个因素导致算法的优化很难做到最好。另外，我认为中国企业在AI应用上，找到可以落地的垂直应用领域，把场景做扎实很重要。

袁辉：算法是很重要，我们承认美国的芯片、算法实力非常强，这是国家发展阶段的问题。目前我们碰到了很大的挑战，但是只要中国再往上走，把应用落实下去，我们肯定会去找什么样的数据能够支撑我们的应用效果，在数据和应用有了需求之后，我们又肯定会研究什么样的算法才能满足最终的需求。从中国的角度来讲，我们必须得面对现实，目前对我们而言，最好的状态就在于不脱开应用去谈算法。我们与美国相比，在GPU、算法上目前肯定有差距。但是这不代表未来，因为今天所有人在

AI面前都还是"孩子"。江山代有才人出，各领风骚数百年，这是一个规律，如果这个规律被颠覆了，那我们就不要谈AI了。

邓小白：我每个月都要去美国，我的主要客户都在美国。我们的人才跟美国硅谷还是有差距的。优秀的人才出去留学，多数还是留在了美国，这是客观事实。要跟世界级的企业竞争，就必须把这些人才吸引过来。中美之间的技术差距很大也是客观事实，而且这个事实在短期之内改变不了。但我们在To B的领域可以很快达到垄断，因为目前AI行业To B领域的公司很少。

另外，为什么美国公司可以在全球打开？因为美国本来就非常多元化，它对每个国家的文化和人都非常了解，所以美国公司去其他国家深入挖掘的时候就有很大优势。因此，我们花了很多的时间在公司内建立英文环境，把人才吸引过来，现在我们的优势体现出来了，我们去任何国家都非常方便，甚至能让合作公司的CEO直接来我们公司待一天。在这一过程中，双方建立了信任，我们再向他们推广内部应用的时候，就能快速达到效果。

如果靠底层技术比拼，我们10年之内都无法超过美国，但在应用上，无论是在美国市场、中国市场还是在别的市场，中国公司都是有机会的。

陈雨强：说到算法，我们不能说场景能催生算法或者场景能催生算法的创新，但就算法本身而言，全世界任何一个国家都没有绝对优势，美国也并没有优势。这次深度学习的复兴是从加拿大开始的，而前沿人工智能企业DeepMind位于英国。但为什么美国的AI现在那么强大？本质上是机制的原因。美国的机制很开放，这就产生了巨大的吸引力。在开放机制下，美国必然会领先，但不可能垄断，因为所有的技术贡献都是全球共享的。从算法的角度来说，任意国家都很难建立绝对优势，中国现在也在追赶，大家都有机会，只是美国领先一些。

张树新：应用场景特别重要。中国的优势有两个。

第一，对数据隐私的漠视导致了大数据产业高于全世界其他国家。比如，中国有全世界最多的摄像头，这是人脸识别最重要的场景，也是全世

界最大的市场。还有大数据，中国在数据、个人隐私方面的立法很滞后，不会像美国Facebook一样面临泄密官司，也不会有欧洲对世界各国关于个人数据隐私法律的全面执行，包括对Google的罚款等。从创业者来讲，中国的市场环境比较宽松。

第二，中国有大量的政府采购和合并性的数据平台。比如，一个地方政府可以把所有条条块块的数据集中到一个平台上，建立智慧城市，这正是神州数码现在所做的生意。国家卫计委可以将所有医院的所有信息统一起来，建立国家卫计委信息中心。这个生意也是其他国家所没有的。

李岷： 下面我们进入一个伦理话题：你们担忧未来AI会夺取人类的工作吗？

邓小白： 其实还是蛮担忧的。比如现在AI应用最火的地方是金融业，很多工作都有AI解决，因此金融机构很多部门人员被替代。再如在快递领域，一方面电商呈爆发性增长，但年轻人又不愿意在快递领域工作，人员流失严重。为了满足客户的体验，这就要求该领域无论是自动化还是机器人化都要做得非常好，以弥补流失人员的工作。假如这一行业中有2000万人在分布中心工作，每年人员流失200万人，直至剩下1000万人。短期内人们要求AI和机器人去弥补流失的这两百万人的工作，但它一旦补充了，它的成本优势就会越来越大，因为机器会越来越智能，准确率和效率越来越高。在这种情况下，基于公司利益的考虑，剩下的一千万人也一定会被取代。这一千万人去干什么？这是一个值得考虑的问题。

张树新：很多行业在不断消失，但同时也不断地有新行业出现，比如专业司机早就消失了。再如工厂，如富士康，布置许多机器人代替了生产线上的工人，而同时有大批的人转到了娱乐业。只要市场化不断流转，那么各种新的行业就会产生。

王维嘉：我觉得这个问题的关键在于时间，即人是否会在短时间内被AI取代。因为任何新技术的出现导致人工被替代，如果这个过程的时间长，那么这些人慢慢就会找到新的工作。因此，第一，所有人从事的工作都会被取代，这是毫无疑问的；第二，从目前看来，可能不会造成大的社会动荡，因为社会就业问题很复杂，有很多其他因素。中国短期内可能仍存在劳动力短缺的问题。比如在制造业，现在年轻人都不愿意从事制造业工作，AI正好可以补上这个劳动力缺口。美国现在的失业率已经降到了有历史数据以来的最低，为3%~4%，而过去几年美国的人工智能也在高速发展。所以，我认为人工智能会取代人力，但短期内它不会变成一个巨大的社会问题。

李岷：我们站在2018年的此刻当下，能否请大家想象一下22年以后的2040年的景象，人工智能到底会和人类怎么样相处？请尽量细节化和场景化。

张树新：我说一件事。2015年我去学校给学生上课，是一门全校公共选修课，考试时我提供了12个方向，其中一个就是写科幻小说，题目是《遥望2045》。当时生命学院的一位学生写得特别好，他写道："2045年，全球重新开联合国大会，重新定义什么叫生命，探讨碳基生命和硅基生命哪个是高级生命，甚至还有碳基和硅基的百分比。"他写得很详细，描绘了一整套复杂的碳基、硅基交织在一起的生命场景。这是四年级大学生写的一部科幻小说。

陈雨强：刚才说到失业问题，未来重复性的工作肯定会被替代。人天生不喜欢做重复性的工作，70年前在进电梯时还有门童为你操作电梯，后来就没有了，将来可能也没有人开卡车了。人不喜欢做重复性的工作，就喜欢做创造性的事情，人工智能为人类带来了一个机会，未来的工作会转向人类天性喜欢做的事情上。

顾嘉唯：关于职业被取代，我们会发现，职业会不断地被升级和进化，也许我们今天看到的职业再发展3年、5年，都会被一点点升级进化。

俞志晨：我觉得未来人会活在虚拟世界里，现实世界更多的则是机器人。上个月我去商场，商场有一处摆放了一排VR设备，一群10岁左右的小孩每个人带着望远镜站在设备前，玩得舍不得走。我当时感触特别深，我觉得将来人一定会经不住虚拟世界的诱惑，天天活在虚拟世界里，我们的下一代可能就会整天"泡"在VR世界中。而在现实世界身边可能都是工厂机器人。

邓小白：我和俞总的看法比较像，我认为再过20年左右，工厂和整个物流中几乎所有的操作都会被机器人所替代。

林凡：我提一个反面观点。大家对未来的设想都很美好，但是我注意到了一件事：最基础的数学学科在过去的两百多年中没有任何本质性的突破，物理学科在过去一百年时间里也没有本质性的突破。我们今天看到的所有发展的基础科学涌现到上层以后产生的新的应用场景，但是现在已经到达了一个"瓶颈"。这是因为物理学在这个维度上已经没有足够的理论支撑了，而数学也已经无法支撑物理学的很多研究了。数学在这么多年的时间里没有实现特别大的突破，是因为我们已经很难再用更抽象的东西来描绘我们这个世界了。

今天大家描绘了很多关于未来的美好景象，如果我们算力或者其他方面的能力再增加100倍，这些美好的景象在未来就会很快实现。但我担心的是，现在发展的"瓶颈"出现了，有一些极限可能是我们无法越过的。所以，我对未来仅保有有限乐观的态度。

袁辉：我觉得未来的22年有可能是人类极其漫长的22年，因为它有可能会决定人类未来的方向，是人类决定自己命运的关键的20多年。

王维嘉：其实22年很短，互联网虽然对我们的生活产生了非常大的影响，但对人类基本的习惯、生活方式却没有产生多大影响，如果按照现在的趋势发展，我觉得未来22年人类的生活不会发生根本性的改变，但技术会先进很多。

从长远来看，我个人认为现在唯一未知的问题就是机器人或者人工智能有没有可能产生自我意识，我认为这个问题现在是没有结论的。因为人类自身对自我意识如何产生都还完全不清楚。

如果机器能够产生自我意识，则很有可能会在很多层面上超越人类，所以统治人类或者控制人类这种可能性是存在的。但如果机器进化到这种地步，是不是标志着我们作为智人的演化的最终结束？比如有人提到脑机接口，我觉得现在脑机接口在技术上也好，在伦理上也好，基本上还是不可接受的。的确，机器在信息处理方面远远快于人，脑机接口如果在技术上有所突破，比如假设戴着脑罩就能够和电机沟通、和神经元沟通，那它就是未来一个十分重要的发展方向。今天的深度学习主要集中在了解数据的相关性上，它没有人类的语言和推理能力，也没有因果关系的能力。把人类高级的思维能力和快速的反应能力，和这种对相关数据相关性的提取结合起来，这肯定是人机结合的方向。也就是说，最后不是智人和智人在竞争，而是有机器人能力的智人和其他人竞争，我认为这是一个较有可能出现的场景。

> 从长远来看，我个人认为现在唯一未知的问题就是机器人或者人工智能有没有可能产生自我意识，我认为这个问题现在是没有结论的。

互联网行业VC/PE何去何从

等待巨头的收购，似乎是互联网初创企业的唯一出路，至少互联网并购里的大量案例都说明了这一点。腾讯系、阿里系外，互联网初创企业还有什么成长路径？这一商业版图，对中国互联网业的影响是什么？如何破除中国互联网业这一"双核"的商业版图？

在2018年亚布力论坛夏季高峰会上，信中利资本集团创始人、董事长汪潮涌，中泽嘉盟投资基金董事长吴鹰，北京鑫根投资管理有限公司创始合伙人曾强，软银远景基金合伙人陈恂，天明集团董事长姜明，博将资本创始合伙人、CEO罗阗就"互联网企业的出路"等问题进行了讨论。赛富亚洲投资基金创始管理合伙人阎焱担任主持人。

阎焱： 2015年以后，VC和PE成为年轻人讨论最热门的一个话题。从中国证券投资基金业协会的统计来看，中国在基金业协会正式备案的基金管理公司目前大概有23000多家，管理的资金加起来大概有11万亿元人民币，其中的私募股权基金加起来大概有9万亿元人民币，占全国GDP的11%左右。目前在发达国家，PE资金一般占本国GDP的6%左右，所以中国PE资本是远远超过世界平均水平的。

从结构上分析，我们可以看到，在私募股权基金的9万亿元中，有2/3是以国资为背景的机构，像中国银行、中信银行、建银国际等等，剩下1/3是民营企业和有外资背景作为GP的机构，这是国内基金市场的基本情况。

从现在的资本市场来看，大量的头部公司都涌到海外去上市，一个是

中国香港、另一个是美国，但是中国香港和美国对于中国项目的承受量有多大呢？前一段时间，在港交所挂牌上市的企业一天内就破了8家。这里还有一个不容忽视的问题就是退出通道。

我们来看看A股市场退出的情况：如果中国的23000多家基金管理公司平均一年投10个项目的话，全年大概会有20多万个项目，这其中会有多少可以在A股市场退出呢？在中国的A股市场中，上市公司不到5000家。2017年是比较多的一年，大概有400~500家企业在A股上市，而从2018年年初到8月，只有不到100家企业上市。从2015年以来，大量没有退出的库存项目占了总投资项目的90%。

同时，管理过美元基金和人民币基金的人都知道，这两者之间有个很大的差别，美元基金通常都是"10+2"，也就是10年加2年，甚至于还可以再延长。但是人民币基金通常都是"5+2"，现在还有5年的，也就是3年投资期、2年退出期，甚至还有3年的，这导致一个什么现象呢？在中国头部项目资金蜂拥而至，估值没有最高只有更高。我记得大概15年前在中国做投资的时候，我们很少听到"A轮、B轮、C轮"这种说法，那时候基本上投一次就结束了，或者投到C轮就直接上市了，现在有"天使轮"，过了"A轮"还有"A+轮"。

我在网上看到过一个统计数据：目前我们业界大概有70%~80%的人民币基金是收不回成本的。在这样一个大的环境下，P2P大量违约，造成了中国大量的LP也追求短期的回报。于是一个非常严峻的事实摆在了我们面前，未来VC/PE向何处去？它的机会又在什么地方？

第二个，在此之上又出现了另外一个问题，国内现在有两大互联网巨头，一个是阿里巴巴，另一个是腾讯。做VC投资的都知道一个道理：如果你打不过的话，就成为它的一部分。我们现在基本上都在找这两大巨头的其中一家作为战略投资人，因为他们财大气粗。

我们最近投资了深圳的一家做3D芯片的公司，这家公司是世界上第二家做出3D芯片的公司，目前已经投入使用。在这之前，第一家做出3D芯片的是一家以色列公司，它如今已经被苹果公司收购了。深圳这家公司，腾讯和阿里都来抢，弄得很尴尬。最后我们还是给了阿里。因为阿里有一个好处，就是它在无人店和面部识别领域做得很好，而且阿里动作很快，蚂蚁金服的人去深圳与该公司接洽，7天后就搞定了收购。

但是这种情况也带来了一个很大的问题，VC将来的生存空间在什么地方？向前走？还是向后退？这些都是今天中国VC/PE界所面临的一个真实的问题。

今天场上正好有7位嘉宾，请大家一起讨论一下中国的VC/PE所面临的问题、挑战和机遇。

汪潮涌：今天这个分论坛的主题是"巨头版图下的并购"。刚才主持人讲了那么多的数据，其实是让大家关注一件事情：并购将会成为中国创投和PE最重要的一个特殊通道。因为IPO千军万马挤独木桥，现在看来，它是很难真正成为一个通畅的通道的。

这一点在硅谷也一样，在美国硅谷投资项目的退出渠道中，超过90%都是并购退出，所以在中国，我们也经常跟我们投资的企业讲："你能有雄心壮志想到纳斯达克去敲钟，我们很认可，但这是一件非常难的事情，大部分情况下，你们还是要做好被并购的心理准备。"

所以我觉得，并购会是未来中国创投行业、PE行业消化一级市场"堰

塞湖"的一个最重要的通道。

关于并购，目前有四方面的"势力"。

第一个是BATJ（百度、阿里、腾讯、京东）。他们并购是为了满足他们的战略需求，丰满他们的产业版图，从流量、用户、应用到产业链完整性上做全方位的并购，使强者愈强。另外，对创业者来说，要在BATJ里面选择、站队，有时候是一件很艰难的事情，因为这几家巨头收购了你以后，能不能好好地整合你，能不能善待你，能不能真正地让你在他的平台上继续成长，这有很大的不确定性。这种情况是未来BATJ并购的时候会经常出现的一个问题。

第二个就是TMD（今日头条、美团、滴滴）。TMD是新的挑战者、颠覆者，它能既瞄准BATJ这四大巨头，同时也能继续去挤占其他的一些新的、更小的互联网公司的空间。

第三个就是新物种，比如小米。小米认为自己不是互联网公司，而是一家物联网公司，是"硬件+互联网"一起打造的一个新物种。还有比特大陆，它一出来融资就达到150亿美元的估值。这个和区块链相关的新物种，既给我们提供了新的投资机会，也提供了信贷，他们的吸收能力也很强。

最后，我们相信野百合也有春天，小草也能够顽强地成长为大树。目前还存在一些细分市场，而这些为我们这样的BATJ以外的市场化基金提供了机会。

阎焱：谢谢潮涌。潮涌刚才谈到的新物种，这是一个很有意思的事物。我们经历过早期互联网发展的人都有体会，往往在一个公司大到不可思议的时候，总是不知道从什么地方会钻出来一些新的东西，垄断市场、替代市场上原有的大公司。我记得，我们最早在美国的时候，微软、英特尔、思科都是非常大的公司。当年我第一笔钱投资的是思科，它当时还是世界上最大的公司，但谁都想不到，10年后，它会落魄到被华为打得"稀里哗啦"。

吴鹰曾经是一名创业者，最近10年又在做投资。请吴鹰来给咱们谈谈这些年做企业、做投资的经历和体会。另外，你认为在这个大的环境下，互联网企业的机会在哪里？

吴鹰：在中国的投资界，目前还没有一个可以跟阿里、腾讯这样的互联网巨头去抢项目的，因为各自看重的方向不一样。阿里、腾讯需要的是"控制"，将来要买你的时候，你必须得卖给我。相比于腾讯，阿里更倾向于这种模式，这儿没有对错，从企业的角度看都是对的。但从投资人的角度看，我们做基金的更想把企业"扶上马送一程"，成功了之后我们退出，我们是帮他"坐庄"的。

阿里、腾讯这等互联网巨头利用信息不透明、效率低和中心化等大规模收益，变成了市值居世界前十的公司，虽然马化腾、马云他们都是我的朋友，但从商业环境来看，我仍然认为，形成这么巨大的垄断是不好的。近年来，区块链的出现则打破了中心化、信息不透明等这些束缚。

另外，除了新的技术带来的新机会之外，商业模式做得好也会产生新的机会。抖音就让腾讯非常头疼，做媒体的对它都感到很头疼，这都是好消息，说明机会还有。所以，在某些行业垂直细分领域一直做下去还是会有很多机会。

区块链通过去中心化给我们带来了很多机会，而且它带来的市场规模比原来大很多。像传统的公司，其整体规模大概为100亿美元，其实已经很大了。再比如，互联网时代到来以后，苹果公司的规模已经达到了10000亿美元，再往上走，要想到达10万亿美元是没有可能性的，除非改变其整个的商业模式。但是将来如果区块链的这些公链上产生了新的产业链和新的生态，10万亿美元的规模是肯定能够达到的。

我们不用怕，机会有的是，我们做基金的本身就是中介。虽然我曾经开玩笑说过，现在的投资过程越来越复杂，A+轮还不够，还要A1、A2、A3，但是如果我们投资汽车、人工智能、无人驾驶机这些行业，可能确实就需要几百亿的资金，估值的过程就需要有这么几个阶段。

阎焱：从经济学的角度来讲，区块链分散化、分中心化的特征具有非常大的好处，但它有一个不好之处，就是效率会降低。人类之所以有集中式的管理，就是因为从经济学来讲它的效率是比较高的。去中心带来的一个结果就是整个网络整体的运营效率会降低。现在区块链一个最大的问题就是它的公链不够。

下面听听曾强来谈一谈资本市场。

曾强：咱们的主题围绕PE和互联网，其实这两者的关系就是：没有互联网的PE实际上都是行尸走肉，而没有PE的互联网基本上是孤魂野鬼。

在整个世界互联网的发展过程当中，从我们最开始看到的马云和孙正义，到后来的很多其他故事，投资市场出现了一个非常大的变化。PE本身由于宏观形势的恶化，导致了退出通道出现了大量的"堰塞湖"，由二级市场"堰塞湖"传导到一级市场，导致整个PE行业发生了很大的变化，现在上市公司的市盈率是20倍，一级市场是40倍，估值完全倒挂。

另外一点，中国的互联网巨头，比起硅谷的这些企业，我觉得确确实实在整个视野和格局上还是差一些。硅谷人的定位确确实实是为了改变人类进步，比如说埃隆·马斯克。

阎焱：我们想一想，人类所有的经济活动的产生都是源自于吃喝拉撒，从孔子讲的"食色，性也"，到现在的"眼球经济"，不论什么时候，能够吸引人眼球的东西都是能够产生流量的东西。所以从这个角度来讲，我觉得在这个问题的背后是这样一个问题：在中国互联网发展的20多年间，为什么一直没有原创性的技术出现？我在中国投资过一些原创性的技术，无一例外全都失败了，最后发现绝大部分是抄袭的。

但是从人类历史发展的另一个角度来讲，创新是一个过程，在创新的过程中包含了模仿。问题是我们应该在什么时候、在什么样的政策下去推动原创性技术的出现，而这个原创性的主题应该是由政府主导的，还是由自由市场经济来推动的？这是一个非常严肃的问题。

曾强：我觉得中国从教育文化到社会容忍性，到媒体的尖刻、竞争对手的打压，都是不允许原创技术出现的。我们两年前曾经花了150亿元支持了一个著名的公司，想挑战BAT。这家公司在电视、电影和手机业务几乎都获得了成功的情况下，但是最后还是失败了。

大家知道，在中国我做了第一代互联网、第一个网上商店、第一个网上支付、第一个搜索引擎，包括给猪耳朵做物联网都是我做的。虽然也确实犯了很多错误，但我们始终保持了初心。前两天我碰到孙正义，跟他谈起未来的移动能源，我们未来可能会做一种能够比煤和石油还便宜的能源，这将是一项颠覆性的技术，如果这能做起来，那么又将是一件很了不起的事情。我们现在正在跟中国几个一线城市的政府合作做"中国的脊梁并购基金"，专门寻找世界上的颠覆性技术。现在，的确是做这些事情的最好时机。

阎焱：下面我们请姜明来谈一谈。姜明是一个创业者，现在也专门做创客投资，他对年轻的创客比较了解。从创客角度来看，你认为现在年轻人的机会在什么地方？

姜明：我是伴随着中国大众创业、万众创新的大环境做起来的，其实互联网是我的短板。2015年12月12日，我们发起了一个"双12创客日"，做了这个活动以后和年轻人接触得更多一些。

第一，现在自从提倡"双创"以后，很多的人还是有这种创业的冲动，也有一些创业的热情。对大众创业、万众创新，我个人还是持支持态度。因为我觉得一个人有了创业的经历以后，未来他无论做什么事情都会更加成熟。

第二，在我的理解中，未来的创业形态可能多是合伙人制。几个人当中，有的擅长做决策，有的擅长搞技术，有的擅长营销，也有的擅长财

务，大家共同组成一个创业团队。做了创客大会以后，我发现很多人愿意创业，但首先就需要资金支持。我这3年用自己的20亿元的资金，投资了60家企业。整体来看，其中除了4家企业做得不好之外，其他的企业做得都还可以。我觉得做企业最重要的还是需要企业家精神，我投资创业者，主要是看他有没有梦想。有梦想了，只要有了争先夺冠的目标，就一定能做些事情出来。

另外，我们现在和郑州市政府共同发起设立50亿元的"中原健康产业基金"，其中郑州市政府愿意出资20%。他们希望通过政府规划，带动当地的劳动产业，结合当地的优势，落地大健康的基础设施。

阎焱：下面我们有请陈恂。您觉得中国VC/PE的机会在什么地方？

陈恂：我长期住在美国，在美国创业，现在主要在看中国的项目，对中国的了解算下来大概有七八年的时间。我对硅谷的创业圈比较熟悉。首先，我不觉得阿里巴巴、腾讯比起美国的公司来有多么不好，我也不觉得美国的公司有多么的不同，所有的企业做到最后都需要满足大家的需求，这个需求在不同的地域有不同的表现，只不过他们都在适应自己所要服务的市场而已。

我也曾经思考过中国的VC/PE往哪里走？我认为，我们哪里也不要去，中国很好，我是真心实意这么想的。刚才大家说的数字的确显示出我们还面临着很多挑战，但中国对于创业的鼓励非常难得，这一点我希望大家不要忽视。

我给大家举两个例子。我在中国看项目的时候，有两家企业。有一家是2014年成立的企业，做到现在有3亿美元的年收入，在行业内位列世界第一；另外一家企业2015年刚刚从其他公司分出来，2018年的销售额达到10亿美元。我再回头对比美国，发现国内这两家企业所做的事情真的比美国要先进。这值得我们深入去思考，为什么中国是一个创业的国度，是一个非常适合投资的地方？这里有很多原因，比如资金的重组、市场的接受度等。

前几天，我在飞机上看了一篇文章，记者深入调查了做仓库机器人的公司。实际上美国大的仓储零售公司，像亚马逊、沃尔玛都使用了很多仓库机器人，但他们从来不说。记者去找机器人创业公司采访的时候，他们

不肯曝光自己的名字，否则就拒绝采访。为什么？作者说是因为美国在文化上非常反对机器从业者，反对机器人代替人工的声音非常强烈。同样，这个记者在中国采访了相关行业的人，中国人却非常自豪，他们觉得自己在做一项新技术。假设我们给他们一些时间，谁会真正把这件事情做好、做大？一定是中国，毫无疑问。所以美国这样一个成熟的经济体，很多时候由于它的文化的复杂性对创新、创业构成了一种压力。我们不要忘记，在美国，一边有埃隆·马斯科，另一边也有其他声音。

再说一下VC/PE的挑战。从全球角度来看，VC/PE有三大明显的趋势。

第一个是它的战略法则。投资慢慢变成一个战略行为。这么多年来，我们在美国一直非常强势、非常活跃，我们投资的时候想的东西和普通的财务算账是非常不一样的，我们会为企业做很多事情。一直以来，资产主义以"资"为本，而今天的社会是以"质"为本，资本已经不那么重要了。我们都是给别人找钱的人，当资本不再那么重要的时候，我们只能去寻求附加价值。它需要有一个非常大的，而且非常有经验的企业管理者组成的这么一个团队，来给被投资的这些企业提供价值，这是一个战略化的行为。

第二个就是VC/PE的迅速后移。在科技行业，"后移"的特点是每一单的投资规模越来越大。最开始，我真的想不通1000亿美元怎么投得出去，可是现在我会毫不犹豫地告诉你一定是可以的。后移背后也有很多原因，比如赢者通吃等。风险投资从金融的角度上来说从来就不是一个很好的投资方式，所以后移的方式是未来投资的一个趋势。

第三个可能对中国投资领域的同行们有一定的借鉴意义。现在行业已经分化成两个类型，一类是综合型，软银就是一个很典型的例子；另一类是专业型，也是非常值得去做的。像刚开始主持人阎焱所介绍的状况，我觉得其实是中国在经历一个非常正常的产业下行期。我原来说过，中国目前可以说是"全民PE"阶段，所有的人都可以做PE，但这肯定是不行的。所以行业一定要经历一个下行期，能够走出来的人就是能够在这件事情上下功夫的人，这些人在产业上或者模式上都具有强大的综合能力。

最后，我再谈谈今天的议题"互联网巨头"。互联网发展到今天已经不再只是一个产业。我们过去几年所看到的互联网的演变，实际上是互联网慢慢变得具有"赋能"的特点。正是这个演变，让中国的互联网巨头从只有BAT，到慢慢出现了TMD。TMD里头除了今日头条，另外两个不纯粹是互联网公司，而是用互联网来给其他产业赋能的公司。互联网在今天就如同是水，你把水泼在土地上，让它渗透下去，土地就会变得更加肥沃，就能长出苗子来。

罗阗：现在都说VC特别难做，专业度也特别高、特别强，其实是因为VC投资的门槛越来越低，而好的项目都只集中在头部几个比较强的大VC机构里。如果从单个的比较头部的GP管理公司去看的话，实际上成绩还是不错的。

我们其实也是这个情况。2014年的时候我们做了一些战略调整，跟中国的政策也有关系，因为国家规定私募基金的合格投资人投资于单只私募基金的金额不得低于100万元。所以，当时我们就在考虑是不是可以做一些风控模型和一些比较有意思的基金管理。后来在不到4年的时间里，我们大概做了三个机构的基金，一个是1亿左右的，还有一个是10亿元左右

的，另外一个是50亿元左右的。

为了让这些投资能够有风险上的管理，我们现在在做"赋能型投资"。目前VC/PE有两种方式，一种是控制型，不停地去控股别人；另一种就是赋能型。为此，我们打造了上市公司联盟，给上市公司做一些标的生产，去拥抱BAT。

二级市场的退出确实有"堰塞湖"问题，并购肯定成为一个大的趋势，历史上也是这样。中国大概有4300万家企业，A股上市公司有3500多家，加上港股的近一千家，整体上市成功相当于万分之一。从这个意义上来讲，并购则成为一个比较大的退出渠道。在有些标的的创业中，能够取得成功的一定是有特殊特质的人，我们做VC/PE可能要找的就是这些有特殊特质的人。

从赋能型投资来讲，博将资本还做了另外一件事——价值机构联盟。我们将博将以前投资过及服务过的企业之间的资源打通，使之互相应用。我们每年会开一次价值联盟年会，2018年是第二年了。

【互动环节】

提问：今天这个题目叫"互联网企业的出路"，我的问题是，除了并购还有什么出路？并购才是互联网企业的唯一出路吗？

阎焱：企业的本质是要赚钱，赚钱就是出路。现在有一个概念是说互联网企业都不需要赚钱，不知道这是从哪来的概念。不一定非要上市，也不一定非要并购，企业的宗旨就是赚钱，赚钱是唯一的出路。

审视"区块链"

外行看热闹，内行看门道，对区块链的审视多半来自内行。区块链带给金融机构的想象，是基础架构的重建与颠覆，空间无限；但它带给非金融机构的想象，目前可能还是基于区块链的"伪代币"，以及代币背后的暴涨空间？泡沫伴随新生事物，为了更健康发展，无妨来场审视。审视是另一角度的赞美。

在2018年亚布力论坛夏季高峰会上，中国并购公会创始会长王巍，FBG资本创始合伙人周硕基，北京太一云技术股份有限公司董事长、北京生态投资基金总经理邓迪，加州大学伯克利分校计算机系教授Dawn Song，Ultrain联合创始人廖志宇，9Block Group合伙人、陈九金服创始人兼CEO陈九，众托帮创始人兼CEO乔克，动吧体育创始人、vSport体育区块链执行董事白强就区块链的定义、区块链的潜在市场和挑战等话题展开了讨论。中泽嘉盟投资基金董事长吴鹰主持了本场论坛。

吴鹰：在座的各位都是对区块链感兴趣的人，但可能在座的很多人都不懂什么是区块链。今天，我们由浅入深，先请每位嘉宾讲讲到底什么是区块链。

王巍：对我这个岁数的人来说，区块链更是一种思考方式，是不依靠机器、不依靠权威建立起的一种互相信任的关系，这是一个哲学框架。大家所谓的"去中心"，也是一种描述。从功能上来说，我们一般认为，互联网的第一代是解决信息分享的工作；互联网的第二代，即区块链，最主要的是要解决价值转移的工作，因此具有伟大的意义。

> 对我这个岁数的人来说，区块链更是一种思考方式，是不依靠机器、不依靠权威建立起的一种互相信任的关系，这是一个哲学框架。

3年前，在一个国际会议上，海地总理讲了个故事。他说当时海地大地震，死了很多人，市中心几乎被全部摧毁，海地的档案库被毁，400万人的档案全没了。所有人都自称是穷人，政府不知道该如何分配来自全世界的几十亿美元的捐款。当时海地的外交部部长采取了互相认证法，即任何人自称有损失，需要补偿，都必须找到8~9个证人，只要有一个人的证词作假就不行。这种方法的精准率基本上达到了80%~90%。后来有业内人士告诉他，这就是区块链的思维方式。

大家判断任何一种技术都需要一代人思维方式的改变，需要一代人去接受。今天谁也不可能用三五分钟就说清楚什么是区块链，但我们知道一个方向，区块链是我们未来不可或缺的，甚至比较依赖的路径，即大家开始学习用排除主观、排除强权的方式重新理顺社会关系，再造一个新的社会，这是区块链技术的贡献。

邓迪：大家都从不同角度去陈述区块链，包括从价值网络的角度，从生产力和生产关系的角度等。我一直在做技术方面的工作，从我的角度来思考区块链，我们会把区块链和什么样的系统进行对比？我想，首先是和中心化的数据库系统进行对比。

现在的区块链在技术上有哪几个特征？第一个特征，要有分布式的账本、分布式的记账方式，以前是一个人记账，现在改成多家记账。第二个特征是分布式的密钥，以前有一个密码，系统管理员就可以修改，现在只有你自己的密码才能开启你自己的财产、自己的数据，真正实现了数据和财产的私有。第三个特征是分布式的共识。以前，计算机系统升级，修改用户条例，就叫作UL（Unordered List，无序列表）。通常，苹果系统升级的时候让你同意什么你就只能同意，不同意就用不了。而区块链就是如果你要对系统进行修改或升级，要有一个征得同意的机制，这是共识的机制，需要多家共同同意。

行业公认的区块链系统应该具有这三个基本特征。当然，这三个基本的特征可以衍生出非常多不同的特点和模式，可能对整个社会造成很大的颠覆。我们为什么说在第四次工业革命、下一代科技浪潮中，区块链会是其中最重要的一个推动力，就是因为区块链技术会产生颠覆性的思维模式和革命性的商业模式。

周硕基：我想从一个比较微观的角度来谈区块链。第一个层面，我把区块链比作云计算。2009年前后，我觉得云计算很宏观，当时我在做比较大规模的IT系统，我觉得很可笑，怎么可能将一个核心系统放在VPS（Virtual Private Server 虚拟专用服务器）上面去？这其实和现在的区块链差不多，现在区块链承载的应用都是看起来很幼稚的游戏，更多是用来玩。所以现在区块链技术还处在早期，就像云计算从2013年才开始崛起，但现在几乎所有东西都跑到云上了。

第二个层面，我认为区块链的分布式账本会使资产的登记、结算、交易发生革命性的变化。其实这项技术在澳洲、美国等海外国家的一些债券上已经开始使用。我觉得现在是一个机会，但我们需要从长远来看，要看整个基础设施的构建，要解决区块链的速度，所以现在来预测可能还太早。

吴鹰：谢谢周硕基，区块链很重要的一个概念就是所谓的公链，公链里做得很牛的就是宋教授，请宋教授讲一下。

Dawn Song：对于区块链来讲，很重要的一点就是去中心化。银行非常有权力，为什么？因为银行有垄断。其实银行的垄断是对你银行账户信息的垄断，只有银行有资格说你的银行账户里有多少钱。银行可以基于这个垄断提供昂贵的服务，做很多事情。大家都知道，互联网或是数据时代，仅仅是信息和数据的垄断，为什么这个钱是你的，却由银行来垄断呢？我们有没有一个更好的办法？区块链就是一个例子，是用来解决这个问题的很好方案。你有多少钱不应该由这家银行来记账，这个账本是分布式的，你不需要依赖哪一家，总体上讲，分布式系统可以达到非常高的安全保证性。在这种情况下的分布式系统，信息就没有被垄断，你用一个理财应用时，就可以不通过银行，这些新兴的理财应用也能够非常容易地被用起来。

其实任何一个大公司归根到底都是这样，他们会对信息进行垄断，控制信息流动。如果我们用区块链的形式把信息垄断打破，那任何一个人或任何一个公司都能够控制信息的流动。从我的理解来讲，区块链最重要的一点就是可以取消信息的垄断，减少和取消对信息流通的控制。

廖志宇：我想先从商业模式的角度跟大家讲一下，为什么我觉得区块链有巨大的爆发机会。区块链是一个非常有魅力的东西，它可以让整个商业模式变得更轻。传统的互联网公司，比如BAT等，需要花很多钱去买数据中心，才能存数据。但区块链的商业模式的魅力在于它是一个真正的共享经济。通过一个平台，底层的矿工可以获得一些经济利益，所以他们自愿参与到网络分享中，作为区块链网络的一员，贡献他们的力量，同时得到回报。对于平台来讲，它是非常轻的，它的扩张性更好，这就是社区经济的特点。

从资本的角度来看，一般情况下，创业团队在整个区块链项目中所占的股份非常少，理论上在15%以下，大部分股份都要留到未来回馈给社区。这样的模式也是保证每一个区块链从业者，是真的想要秉承区块链的精神。他们是在设计的时候，就把整个股份、整个权益直接预留好给社区，通过平台的魅力吸引人来参加。这种方式是"人人为我、我为人人"的自愿式的，有非常大的魅力。

为什么未来区块链会在很多应用上有大爆发的机会？因为它能够让用户和平台很好地连接起来，这是非常重要的事情。这就是为什么区块链在还没有特别成熟的技术和应用时就这么热的原因，其实这也是一个特点。

从技术的角度来讲，我们所有人都在解决底层技术不可能解决的问题：从保证去中心化到保证它的扩张性，再到保证它的安全性。如何能够保证从比特币资金到我们这些公链希望实现的价值转移，这其实是区块链非常有意思的地方。

吴鹰：谢谢，大家懂什么是区块链了吗？你不用想区块链是什么，它其实是一个协议，这个协议在互联网协议之上。区块链其实不是个新东西，区块链协议的出现只比TCP／IP（Transmission Control Protocol/Internet Protocol，中译名为：传输控制协议／因特网互联协议，又名网络通信协议，是Internet最基本的协议、Internet国际互联网络的基础，由网络层的IP协议和传输层的TCP协议组成）晚了8年。但是区块链协议需要在互联网的基础上才能往前发展，目前还不太完善。

回头看互联网，其实互联网只解决一个通信的问题，就这么一件事就能把事业做这么大。然而区块链来了以后又赋予了一个新机会，因为区块链解决了交易的问题，这个交易的市场就比通讯要解决的大多了，但也是由于互联网解决了通讯问题、信息透明等一系列的事情，才有这么大的市场。

乔克：我觉得年轻人除了有一个物理世界，还有一个数字世界。尤其现在，我们看到年轻人会把越来越多的时间、精力和钱都放到数字世界里。未来，我们可能会在物理世界之上还有一个数字世界，这里面有非常大的市场拓展空间，而区块链是什么呢？区块链就是这个数字世界的基础设施。

在我看来，区块链更多的是一种平衡。因为现在大家都很担心，大数据、AI的发展会不会产生一种数字独裁的现象？我们会不会从最早的相信上帝，到相信自己的内心，再到相信算法，到最后每个人都被这种算法左右？这时候有了区块链，它可以实现一种数字的民主。区块链在这个世界会发挥非常大的作用，它是一个平方的关系，它的规模最起码是互联网的100倍。

白强：什么是区块链？为什么体育要拥抱区块链？原因特别简单，区块链能帮体育公司赚钱。当我们拥抱区块链，我们觉得区块链能帮我们把体育的社会价值确定、量化，并将其中的一部分转化为商业价值。那么体育企业的变现和融资就能更容易一些，甚至有一个资本的出口。我跟大家说一个问题，为什么中国的体育公司上不了市呢？是因为我们的价值就像蒸汽机一样。在蒸汽机发明之前，蒸汽是往四面八方去的，有了区块链，就能够把蒸汽指向一个方向，车就能往那个方向去，这就能帮我们赚钱。

吴鹰：谢谢，陈九是陈九金服的创始人，请你主要讲一下区块链潜在的市场和挑战。

陈九：首先，我不敢保证我能用一句话把区块链讲清楚，这是一个世界性的难题。但我认为，区块链应该是目前更公平、更公正和更公开的技术，让我们的个体价值更具权威、更具力量，包括让更小的企业更具话语权。如何具备话语权？其实区块链突破性地开创了一个更公平和公正的"游戏规则"。所有的商业问题、信息问题都有一个成本所在。区块链如何更有价值？无非就是降低了新的成本，提升了企业的运营效率。通过它的分布式技术，企业除了整合内部资源，还能够结合更多外部的资源，从而提升整体协调的效率。

> 但我认为，区块链应该是目前更公平、更公正和更公开的技术，让我们的个体价值更具权威、更具力量，包括让更小的企业更具话语权。

另一个突破性的地方就是控制化基地，这是区块链目前最大的创新所在。无论是可溯源，还是分布式，这些技术本身在区块链这个名词产生之前，就在整个人类社会中存在的，但为什么现在区块链更被重视？是因为它的通证化激励让更多人获利了。如果是纯粹无利可图的技术，那么大家也不会花时间去讨论。本来区块链的诞生是一个让好人获得更多赚钱机会的游戏规则，但现在由于它的监管细则不够明晰，很多不了解其技术本质的人参与到了二级市场，所以不可避免地出现了一些不必要的损失，但这其实也并不是区块链的初衷。而区块链到底是让好人更具话语权，还是让坏人更具话语权？这一点还需要探讨。

　　讲到区块链潜在的市场与挑战，我看了一些国内外的数据，发现区块链市场至少是百亿美元以上的规模。那么挑战在哪里？首先，现在最大的挑战不在外部，而在内部。大家能看到，区块链可能会变成一个"资金游戏"。其实在这个方面，我认为所有参与区块链项目的团队都需要有长期投资的目光。由于区块链的融资魅力太大，所以导致很多项目方可能耐不住性子，或受不了同行的刺激，甚至迫于投资人的压力，没有太多的心思真正投入到项目的落地和开发中，导致现在没有规模化应用的区块链产品出来，尤其是对 C 端的产品，但产品恰恰是所有C端最希望看到的，而不仅仅是停留在二级市场上的炒作。

　　我把区块链更多地比作"刀匠"和"刀客"。现在需要更多的刀匠造出更多的好刀，也需要更多的刀客更多地使用好刀。我相信技术不是问题，随着技术的进步，技术的"天花板"肯定会被突破，但如何看待区块链的真正意义？只有当区块链被大规模应用的时候，区块链的新时代才会到来，现在还只是一个小众市场。从小众市场来看，区块链这个猛兽还在笼子里，还没有放出来。

　　吴鹰：宋教授谈谈你为什么做公链，以及区块链的潜在市场和挑战在哪里？

Dawn Song：我在伯克利大学任教时做区块链研究，发现区块链确实有很大的应用。但是从今天来看，区块链真的仍在萌芽阶段。具体谈到我们要解决的问题和技术，现在的区块链还处在非常早期的萌芽阶段，区块链的基础设施还有"瓶颈"。抛开区块链来看互联网。互联网虽然给大家的生活带来了巨大的变化，但也同样面临着非常大的挑战。首先是隐私保护，这是一个很大的问题。进入数字时代、信息时代后，我们越来越多的信息和价值都在数字世界体现出来，它的价值也越来越大。但与此同时，很多信息和数据会被利用或滥用。所以综合来讲，区块链在今天仍有技术"瓶颈"。

在伯克利分校，我们看到了互联网的挑战，于是在区块链上搭建了一个保护隐私的云计算平台。比如，如果有人做了一个应用，他可以将数据上传到这个平台，而这些数据上传后，便会被加密并储存。这个区块链平台的一个核心功能就是智能合约，比如医疗研究人员想要保护隐私就需要构建一个智能合约。在智能合约中，他可以存放程序、训练机器学习模型等，而智能合约则可以规定上述这些内容的应用条款，比如只能用来研发

这个模型而不能做他用。如此一来，给了数据的用户可以获得回报，其他客户如果同意这个应用条款，也可以把数据上传到智能合约，这样这名研发人员就能有足够的数据来训练他的机器学习模型。

吴鹰：那他用这个数据模型去做东西时需要付费吗？

Dawn Song：这个完全由智能合约中的条款来决定。

吴鹰：那如果有病人享受了这个模型创造的价值，那么有没有一个给数据拥有者反馈的机制？

Dawn Song：在这个条款中，用户上传数据，如果这个数据被使用的话，用户也能获得反馈，比如他训练的机器模型产生了价值，这个价值就可以回报给他。其实医疗数据很难被用到，因为大部分数据都被锁住了。但通过这样的机制，可以很大程度上减少数据被锁的阻力，让医疗人员和医疗研究机构能够更容易地获得医疗数据，从而进行医疗研究。

吴鹰：从公正的角度来讲，每查看一次数据，就应该付给数据拥有者一定的费用，如果区块链能解决这个问题，那么这个模式就是一个很好的例子。

邓迪：中国是一个很有特色的市场。讲区块链，实际上要看不同国家、不同地区的潜在市场到底在什么地方，不管是投资还是创业都一样。现在区块链方面，各个国家的监管不太一样，为什么当年我们的交易所做到了全球第一，挖矿做到了全球第一？这其实是和监管有关系的。

中国的区块链潜在市场在什么地方？我觉得很简单，就是中国的信用问题。跟全球其他国家相比，中国整体是极其缺乏信任的，不管是社会和企业之间、企业的高管之间、企业的员工和企业之间，还是其他的关系之间。

区块链怎样解决信用问题？就是将原来需要中央权威或者一整套制度来保证的问题，用简单的区块链功能来解决。以证券市场为例，在原来的全球证券市场上，国际资本愿意去的只有几个地方，包括美国华尔街和纽约、新加坡、中国香港等，是因为这些地方有完善的证券法制度、新闻媒体监督机制、信息披露机制及金融系统来保证资金的进出。而在区块链领域，这些完善的制度都可以找各自对应的替换物。比如信息披露原本是成本很高的一件事情，需要大量的审计、律师来参与，但通过区块链，所有的资金进出在链上都可查，审计这件事就可以自动完成了。

具体到资金进出。资金的进出需要大量银行间结成的信用证和系统，但通过区块链，全球的投资人可以投给全球范围内的任何项目，并且有惩罚机制，在区块链上通过若干个节点，让大家共同投票，对具体事情进行判断，这样也能够解决资金进出的问题。我们看区块链的时候不单单是从技术的角度，而是要看到它在社会制度上的成本，在对制度进行了大量的简化之后，新的机会就可能出现。区块链的潜力是巨大的。

吴鹰： 王巍认为区块链在中国发展的最大障碍是什么？怎么面对？

王巍： 我一直在观察区块链，很多圈里的人特别兴奋，充满激情。2018年是中国改革开放40周年。1997年，我刚回国的时候，做资本市场，那个时候中国是没有资本市场的，我们寄希望于资本市场改变中国。30年前我们谈IPO时，大家都不懂，但后来又出现了私募基金，其实很多新技术都在颠覆现存的格局。

所以我在看区块链的时候，特别羡慕这些年轻人，但另一方面，我们这些岁数大一点的人都经历过3~4个周期，有的人甚至经历过5个周期，但区块链，包括P2P才刚刚进入第一个周期，所以很多年轻人看到会兴奋，但他们没有看到后来可能产生的很多问题，这是一个非常危险的状况。

所以对我来说，还是这个问题，没有人能说清楚怎么定义区块链。区块链有点像每个人的一个梦，人们无法定义一个共同的梦，每个不同背景的人都能说出自己对区块链的理解。到今天，区块链不仅很难被定义，其实也没有太多创新，无论在中国还是在美国，全世界的国家都只能用国家法定货币，所以我们就搞矿工，搞通证，没有任何创新。

> 我们要关注区块链、拥抱这个大趋势，但怎么能够使自己不成为"先烈"？那就要有相当多的政治智慧、生存智慧，要跟政府协调，不断和监管部门沟通。

今天我看到一大批人冲进区块链，其实所有的社会改革、变革都需要这批年轻人，他们当中有相当多的人会失败，但也有人会成功。从长期背景来看，我们要关注区块链、拥抱这个大趋

势，但怎么能够使自己不成为"先烈"？那就要有相当多的政治智慧、生存智慧，要跟政府协调，不断和监管部门沟通。中国的市场太大，人太聪明，谁也不知道未来的区块链是什么样，阿里巴巴和腾讯也是失败了很多次才走到今天的。

技术进步并不会决定人类的进步发展，往往是并不先进的技术才能获得成功。适者生存，但适者不见得是最优秀的人，重要的是要懂得你的生存环境。

廖志宇：其实刚才讲的都是投资人把钱投入平台，但并没有产生真正的收入，只是估值一直在涨，这也是很多人非常在意的一个地方。之前区块链的爆发让很多有梦想的人，或者说只有idea（想法）的人凭着一张纸就可以赚到钱，但大量的散户面对这张纸是没有办法判断的。很多人融到了钱，但随着泡沫散去，市场上优秀的投资人会越来越专业化，创业者也越来越了解市场。无论是硅谷的开发者，还是BAT的开发者，他们都是持观望的态度。因为在他们看来，区块链的底层技术还并不成熟，想要开发应用是无从做起的，很多人不会轻易去开发一个真正的应用，因为根本不存在这样的条件。

　　另外，现在的投资人并不是很专业。其实很多区块链投资人此前都是个人投资者，他们没有机构投资的经验。我在美国的一个好朋友是做后期大额资本的，他知道我做区块链时，问我的第一个问题就是区块链的商业模式是什么。其实区块链本身就没有商业模式，它需要越来越多的传统模式进场来让区块链这个蛋糕变得更大、更专业。而更优秀的投资者也需要进场，我们需要让区块链这种生态有真正的商业模式，除了让估值增长，通过Token（在计算机身份认证中是令牌的意思）或通证让整个生态的参与者得到好处之外，还要在这个平台上产生真正的商业模式和生态，这才是区块链平台能够可持续发展的必要东西。

　　吴鹰：按照互联网时代，这个东西就叫互联网1，我们把它称作第一阶段。我想区块链目前很可能是，尽管没有杀手级的应用，但有一条很有意义的公链，即便没有那么大，但整个公链是合理的，能给很多人带来价值。我非常赞同阎焱的观点，企业的第一要素是一定要赚钱，不能不赚钱，只是看什么时候赚，是先赚还是后赚。

　　廖志宇：我想讨论一下区块链的应用，举两个去中心化的例子。第一个是在广告行业，欧洲出台了GSPR（General Data Protection

Regulation，即《通用数据保护条例》，欧洲联盟于2018年5月25日出台）以后，平台不能再轻易窃取个人的数据去卖广告了。我的一些朋友，包括以前在以色列做广告的公司，他们通过区块链做了一个广告平台，目标很简单，当个人分享数据之后，如果这些个人数据被用来做广告，并且让广告商或者平台赚到了钱，那么这个个人用户也会得到分享。第二个是旅游行业，之前是被OTA（Online Travel Agency，在线旅行社）瓜分了大量个体用户的利益，其实也有一些人在这个行业里做创新，希望个体用户通过分享数据得利。我觉得让更多用户用起来，可能也能让这个行业快速爆发。

提问：我们公司就是各位所说的那种比较弱的机构投资，最近的区块链市场下跌引起了我们的关注。互联网时代有一个方法可以观察，就是看交易量或者流量。跟着流量，你可以顺着去找每一个增量中的赢家。我想请教的问题是，现在区块链受到打击，那么用什么样的角度、指标或者从哪个维度能够找到将来能够出来的点？

白强：我觉得这是一个很有趣的现象。现在区块链跟互联网很不同的一点是，互联网是流量为王，但做了区块链之后，我发现它还不是流量为王。我们有很多流量，但如果它不能便民的话，流量成不了气候。我的观点是，现在谁有能力创新，谁就是王。

吴鹰：这其实是一个很有意思的问题。我在前面谈到过，现在区块链和币圈良莠不齐是很核心的问题，政府想掐死也是因为这个问题。美国一个大银行的首席架构师做了一个区块链的链，让区块链技术或与链相关的人都去评估和跟踪区块链。这样的话，很可能给机构或个人投资者一个比较，从而去区分良莠不齐的现象。他做的这件事能不能成我不知道，但我觉得非常有意义。毕竟从投资者的角度来讲，你不想等它长成巨大了再去投资，而是希望能早点关注。

邓迪：我建议大家一定要看清楚ICO的模式，ICO的模式是在ICO的第一天，整个公司的现金流最大，在那一刻把后面好几年的钱全都融完。在ICO的那一刻，整个团队的士气是最高的，钱是最多的，但从那一刻起就开始走下坡路，钱会慢慢耗掉。能不能忍受传统互联网软件开发的周期，能不能去做市场开拓，能不能够从谷底再起来，这是你要去观察的。

吴鹰：我真的希望在1994年、1995年的时候就有这样一个环境来讨论互联网。虽然我在1987年就已经接触了互联网，但是我没有那个眼光。还不如马云这样一个完全不懂技术的人，去了趟美国，听到"互联网"这个词回来后就一头扎进去了，今天坚持做成了。我个人是坚定不移地相信区块链，现阶段的区块链就是1995~2000年的互联网，但它的回报可能比互联网要快。

绿色金融模式探索

2016年8月31日，中国人民银行、财政部等七部委联合印发了《关于构建绿色金融体系的指导意见》。自此，"绿色金融"概念成为社会各界普遍关注的焦点，众多金融机构也纷纷发力，但在具体实践中却又面临着一些障碍，如"绿色金融"业务风险较高而收益偏低、信息沟通机制有待完善、金融机构缺乏专业领域的技术识别能力、相关政策不完善等。在这样的现实情况下，如何实现绿色金融的可持续发展？可持续的绿色金融模式有哪些？

在2018年亚布力论坛夏季高峰会上，中航信托党委书记、董事长姚江涛，联合国开发计划署驻华代表处可持续发展合作首席顾问吴鹏，中美绿色基金首席执行官白波，江西银行董事长陈晓明，清华控股产业研究院执行院长金海年，北京环境交易所总裁、北京绿色金融协会会长梅德文，第四范式创始人戴文渊就上述问题进行了深入讨论。前央视财经主持、亲见传媒创始人兼CEO贾梦霞主持了该场论坛。

贾梦霞：各位领导、各位嘉宾，大家晚上好！我是亲见传媒的贾梦霞。在我的印象当中，南昌是一座英雄城，还是中国改革开放的起点。同时，江西又是绿色金融创新实验区的五个实验区之一，从2017年到现在已经实施了一年。下面有请各位嘉宾谈一下自己对绿色金融的理解，自己所在的企业在这方面所做的尝试，以及可与大家分享的经验。

首先有请姚董。

姚江涛：非常感谢大家参加这场由我们中航信托特别支持的论坛。江西省将绿色发展和绿色金融作为重点发展的方向，中航信托作为一家江西企业，在绿色发展过程中，总结了绿色金融发展的四个层面。第一，绿色金融是国家五大发展理念之一；第二，绿色代表可持续发展，因此我们把绿色金融与可持续发展理念相结合；第三，我们把绿色金融与公司业务相结合，发展包括天然气、地热、煤改电、风能、太阳能等在内的绿色产业；第四，我们把绿色发展与员工行为相结合，选择节能的、装备式装修的建筑入住办公。总之，从国家理念到公司发展理念，到公司业务，再到员工行为，我们都坚持贯彻绿色金融发展。

贾梦霞：非常感谢，有请吴总接着来分享。

吴鹏：我是联合国开发计划署驻华代表处的吴鹏。其实不仅在国内，从国际的角度看，可持续发展的目标也是世界的主题。我们国家提出了"绿水青山就是金山银山"，青山绿水要变成金山银山，必须有两个链条，一个是好的政策环境，另外一个是有效的价值链条。同时，要以可持续、可盈利的方式，去促进绿色金融的发展。现在社会上缺少一个权威性的、真正中立的评价体系。建立这个体系需要非常权威的中介评估机构、

审核机构去审核金融数据，确保数据的真实性和有效性，让绿色金融既能创造价值，又能为社会做贡献。在需要市场创新的同时，也需要政府给予一定资金上的支持，让它能够可持续地经营下去。

贾梦霞：我们听一下白总的观点。

白波：很高兴有机会参加今天的会议。我特别佩服中航信托基金的董事长姚董。中美绿色基金成立的时候，中航信托是我们一个重要的合作伙伴，并且给了我们很多支持。

中美合作基金是2016年成立的，我们成立的目的是希望集聚市场化的人才，通过中美之间绿色金融和绿色技术的合作，促进中国的绿色发展和中美之间的交流与合作。在领导的号召下，我们集聚了以政府层面的权威人士、市场化的全球投资机构合伙人及金融机构高管为主的团队。

我们具体的方向和领域包括绿色能源、绿色生产、绿色消费、绿色出行等。我们的愿景是投资绿色中国。我们以私募基金的方式和手段，为我们的有限合伙人创造市场化的商业回报，同时通过投资的手段促进一些行业绿色、可持续性地发展，促进美丽中国和绿色中国的建立，实现真正的"两山"理论。

对于绿色金融，我最大的感受是，我们肩负着一个使命，这个使命就是纠正以前绿色金融和绿色投资不赚钱的观点。经过两年的努力，我们发现，在新时代做绿色金融，特别是做绿色基金，一定要把硬技术创新、软技术模式创新和商业模式创新相结合，扮演好我们的角色，与绿色信贷、绿色信托，以及其他的金融产品共同协作，打造一个绿色体系。

贾梦霞：有请下一位嘉宾分享。

陈晓明：我是江西银行的陈晓明。从银行角度来说有三个方面可以去考虑：第一，绿色金融是银行转型的一个方向；第二，要做出特色，对于地方的城商行来说，绿色金融是江西银行发展的一个正确方向；第三，发展一批客户作为最后的落脚点。

江西省委、省政府非常重视绿色金融，这对江西银行来说是非常好的机会。2016年，我们申请发行了绿色金融债。当时政府出台了相关办法鼓励金融机构发行绿色金融债，得到消息的第二天我就召集开了一个会议，

去申请绿色金融债。江西银行作为全国首单发行绿色金融债的非试点发行机构，当时申请了600亿元，总行给我们批了80亿元的发行额度，从批复到现在全部都发放完了。这对江西省的绿色生态，包括环境保护都起到了很大的作用，也为江西银行拓展了一批优质客户。

贾梦霞：谢谢陈董事长的精彩分享。下面有请金院长来做您的分享。

金海年：谢谢！其实我还有一个身份——全国政协委员，参与了绿色金融的设计工作，推动绿色金融体系的建设，试图用经济和金融的方法来解决环保的问题。当时我主要是想做一个政策和学术上的研究项目，没想到很快就被中央采纳，并被写进了党的十八大报告和G20峰会主题内容，从而推动了绿色债券、绿色信贷、绿色保险及整个绿色金融体系的建设。

这仅仅是一个开始。我们当然希望通过绿色金融带来盈利，为投资人带来回报，但是我们要不忘初心，因为做这件事最终的目的是通过金融手段解决环保问题。我们希望能够找到一个中间的路径。因为一旦发生污染，往往会出现两个极端结果，一是不管不问，任由污水横流、空气污染；二是行政上的限产、停产，这很容易做到，但是不可持续。我们希望

找到一种中间手段来解决问题，既要发展，又不会产生污染。

贾梦霞：在整体的布局之下，您觉得哪个环节还需要再完善？

金海年：我觉得在政策制定上可能还要不断完善，毕竟这件事不是一天就能够完成的。像英国伦敦花了50~80年的时间才消除了"雾都"的现象。还有美国洛杉矶的污染事件、日本的污染事件等，发达国家在各自的发展过程中都经历过这样的阶段。从发达国家的实践经验中我们可以总结两个方法：一是要建立法治，通过法治的手段来解决这个问题；二是要从供给侧方面进行改革。老百姓要住大房子，要开好车，有没有问题？没有问题。污染事实上不是老百姓开车造成的，要从汽车生产商、燃油提供商那里就把污染降下来，这时候就需要政府制定相关的制度，比如需要进一步完善我们的环保税等，把污染变成企业的成本。对于环境保护表现良好的企业，需要有一些鼓励措施，如央行的贴息、财政的补贴等，把环保成本弥补上，形成一个正向的引导。

贾梦霞：谢谢。接下来分享的嘉宾是北京环境交换所总裁、北京绿色金融协会会长梅德文先生。

梅德文：非常感谢。当前我国环境污染比较严重，而环境污染严重和金融是有关系的，具体来说，目前金融政策对环保产业激励不足，对环境污染产业的约束不足。

中国作为一个新兴加转轨的发展中国家，特别需要发展绿色金融，还需要加强绿色金融的机制设计与制度建设。一方面绿色能源、绿色生产、绿色消费、绿色出行等这些绿色领域产业，需要更多的绿色金融激励机制；而另一方面，有很多的污染企业，这些企业的污染违约成本过低，约束机制不够，对它们尤其需要金融约束。只有通过发展绿色金融，形成一个价格机制，引导金融资源去鼓励那些节能环保新能源产业的发展，并且有严格约束那些高耗能、高污染和高排放的产业，才能够形成良性循环。

今天的环境污染、雾霾污染，简单说就是高质量的大气环境、天气环境。或者说美好的自然环境供给不足，这有点像中国改革开放之前的粮食供给不足。粮食供给不足问题后来怎么解决的呢？实际上国家进行了一个很简单的制度设计，那就是分田到户，把土地经营权确权给农民，就解决了中国十几亿人的吃饭问题。而今天环境污染严重，可不可以借鉴40年前的经验呢？我觉得也许可以。实际上，按照产权经济学理论，环境污染有两个原因，第一个原因就是环境产权没有公平、公正、公开、合理地分配给每一个市场主体，也就是环境权益没有确权；第二个原因是市场主体的激励机制不够。你看40年前农村改革即分田到户改革，只是经营权的分配这样一个制度设计就把农民的积极性给调动起来了，从此之后，中国不但解决了吃饭问题，而且还为改革开放贡献了巨大的人口红利、资本红利和劳动力红利。

今天中国的环境污染最重要的是两个制度供给。第一个就是要环境产权确权，必须要把环境产权像土地的经营权一样确权给不同的主体。第二个是激励机制。比如绿色投资，必须有一些正的回报，如果说我做绿色投资跟做非绿色投资回报是一样的，那这件事就不可以持续下去。因此需要一个把绿水青山变成金山银山的转换机制，如我们现在的碳交易市场。理论和实践都证明，碳交易市场可以解决环境产权的确权问题，可以解决绿色金融的激励机制问题。绿色投资除了传统的投资回报之外，还可以增加一个环境交易的回报，同时又可以约束高耗能、高污染和高排放的企业，能够为中国的绿色金融提供一个长远的解决机制和长效机制。

贾梦霞：您刚才说的确权，难在哪里？

梅德文：中国目前是一个发展中国家，发展中国家需要在民生发展与环境问题中找到一个平衡点，这是难点。环境产权确权主要是给企业确权，特别是给那些高耗能、高污染的企业确认环境权益，前提是计算碳排放量，这个问题在电力行业已经非常成熟了，但在很多别的行业，其碳排放数据统计基础还有待完善。所以中国环境产权的确权问题，首先是技术上的问题，就是要确保有一整套靠谱的环境数据。

另外，环境确权其实更多的还是一个观念转变和利益分配的问题。这需要观念的巨大转变，同时还要打破现有的利益格局。环境产业是一个庞大的行业，如何改变这样一个行业，促进其转型，是非常艰难的。

还有一个最大的难度，就是如何最低成本、最高效率地在环境保护与可持续发展中找到经济的可行性。从这个意义上来看，中美绿色基金、中航信托投资绿色行业是非常难能可贵的，因为目前绿色投资行业的投资回报率相对于传统的投资而言还有一定的不确定性。

总而言之，环境产权确权，目前在技术上、政策上和经济上都存在着诸多不确定性的问题。只有环境产权确权了，才能为绿色金融的发展提供一个长效激励机制与风险管理的约束机制。

贾梦霞：接下来有请戴文渊。

戴文渊：谢谢邀请。第四范式作为一家AI公司，致力于帮助企业提升运营效率。我们看到的AI更多地体现在云识别、人脸识别方面，实际上企业经营不是依赖于人脸识别，而是依赖于决策效率的提升。凭借国际领先的AI技术，我们已经成功帮助了众多金融机构从风控、营销和运营等多方面发力，从而大幅提升其经营水平。

在环保领域，AI也已经开始发力，无论是能源企业节能减排，还是进行大气监测、水文监测，都可以借助人工智能的预测能力，实现优化。面对当下的大数据环境，机器学习比专家模型具备更强的规则挖掘和预测能力，机器学习能基于日益丰富的海量数据样本、万亿级别的数据特征量，将指标细分到微观粒度，做精细的个性化描述，从而保证了分析预测更精准、更全面。

贾梦霞：谢谢戴总的分享。绿色金融回归到其本来意义上，它还是一个金融产品，金融就有它的收益率与风控的问题，那么如何在提高绿色金融可持续发展收益率的同时做好风控管理？请各位嘉宾谈谈各自的想法。

姚江涛：今天我们从金融的角度支持绿色经济，要从商业的逻辑去思考，商业最起码的成本要覆盖。

金融有很多风险，前期的投入和后期的回报可以用金融工具进行匹配。第一，账要算清楚；第二，对过程要有把握；第三，技术的提升非常重要。

吴鹏：全球有三大风险，第一是全球气候风险，第二是安全风险，第三是公司治理风险。对产业来说，其实最核心的风险控制是我们的传统价值。

姚江涛：这里面很重要的是资金的成本。我们去过加拿大，加拿大人寿基金是一个很大的基金，在它的规则中很重要的一项是向社会通报他有

多少股、配置绿色的产品占比多少。这样配置之后，这个基金就有了一个绿色标签。

贾梦霞：白总，在绿色金融上您的探索似乎走得比较远。

白波：对，比如我们2017年投资了绿色交通体系，这是一个探索性的工作。我们和江西银行在这方面的区别就是绿色基金和绿色债券的区别。作为一个绿色债券，或者信贷类的金融机构，在一定程度上是被动选择的。从原则上来评估它是否达到了一定的绿色金融、绿色信贷的标准，如果达到了，争取给他一定的贴息、一定的优惠，这是绿色债券。而绿色基金的角色不一样，它是赋能型的角色。

对于如何做好风险评估，作为一个主动赋能性的金融机构，我们首先选择通过技术的方式驱动。比如说废水回收是我们即将完成的一个投资，废水回收在一线城市可以通过互联网体系、现代化的手段去改造。我们选择这个跑道，是因为这个市场足够大，并且有足够强的影响力。民营企业家和国有企业家，要团结在一起，以人力去整合，以股东的身份去监控、把握投资以后的风险，通过技术的手段、赋能的手段，去管和疏其中的风险。

贾梦霞：非常精彩。我们听听晓明董事长的分享。

陈晓明：当前在防范绿色金融风险上，第一，政府层面要有统一的绿色金融标准；第二，要建立完善的信息披露机制；第三，政府要通过财政补贴鼓励银行或者企业从事绿色金融业务；第四，从事绿色金融的机构要提升自身水平，建设自身队伍；第五，政府要利用AI和区块链技术等鉴别出优质的绿色金融机构，跟踪绿色资金走向。

贾梦霞：梅总您来分享一下您在收益与风控方面的观点。

梅德文：我们是做碳交易市场的，碳交易市场是一个行业交易市场，在央行启动发布的绿色交易中，它继绿色信贷、绿色债券、绿色股票指数、绿色投资、绿色保险之后排在第六位。

碳金融或者碳交易市场解决了两个问题：一个就是增加一部分收益，另一个就是管理风险。

绿色金融相对于传统金融有一些政策上的优惠。至于碳交易市场，如果形成了一个统一的金融化的碳交易市场之后，它可以增加企业的收益，而不仅是增加做绿色产业的收益，同时也能在资本市场上给投资者增加收益，这是一个规模化的、具备流动性的、金融化的碳交易市场可以提供的。

绿色金融最大的风险是投资的不是绿色产业，而是违绿的产业。如何判别呢？经过历史证明，碳交易市场能够为投资者、从业者，包括所有的市场参与者，提供一个最科学的、最低成本的、最高效率的鉴别绿色的市场机制。因为碳交易市场有一个第三方核查机构，它是存在于政府与企业之间的一个专门机构。由第三方机构来抽查企业是否具备绿色的特点，属于第三方治理。碳交易市场可以促进绿色金融风险管理问题的解决，增加投资者收益。

我们的第二大股东是蚂蚁金服，蚂蚁金服于2016年开发了一个产品叫做"蚂蚁森林"，技术是由我们提供的。用户开通了蚂蚁森林之后，就可以通过支付宝种植一棵虚拟的树，蚂蚁金服公司大约投资3亿元在真实的地方种了5000多万棵树。而在短短两年时间中，蚂蚁森林活跃用户已经超过3.5亿。

我们知道中国启动了碳交易市场，2020年要建成全国性的碳交易市场，虽然目前这个市场规模不是很大，但还是非常值得期待的。因为碳交易市场是为数不多的可以提供技术上的量化，以及提供约束的绿色金融工具。

贾梦霞：谢谢！环境交易可以极大地降低绿色金融方面的风险，有请戴总分享。

戴文渊：过去我们做信贷都需要有抵押，抵押意味着什么？抵押意味着对风险的把控。现在我们需要做对信用风险的把控，但是很多金融机构不具备条件，这需要科技的介入。它最难的一点在于和信用相关的很多东西是碎片化的，碎片化的信息最后反映到一个具体的企业时，再靠过去传统的信贷去做判断会很难。因为维度太多，一个人覆盖不了那么多维度，但是这些信息量对机器来说是可承受的。

从AI的角度来看，还需要整合更多行业的数据。普通的信用风险数据是由金融机构自身掌握的，而环保相关的数据来自于其他行业和部门，因此AI落地的难度比判断信用风险更上一个台阶。只要需求在这儿，我们科技工作者从来都不怕挑战。科技工作者应该多做一些提升生产效率的工作，少把精力放在"挖矿"（虚拟数字货币）上，那个耗费了太多能源。如果把算力用在碳排放、土壤污染数据挖掘和监测上，那么对社会的贡献会更大。实际上科技工作者最大的问题是如何用科技去创造社会价值。

贾梦霞：非常感谢台上七位嘉宾关于绿色金融话题精彩的分享，感谢所有的参与者，这场论坛到此结束。

创业初心与创新未来

创业成功是一个小概率事件，坚持下去依靠的不仅是毅力，而且还有之所以创业的那份初心。一路前行中，我们是否还坚守着那份初心？为了这份坚守，遇到了哪些困难？与投资人之间又有哪些非常难忘的喜怒哀乐和点点滴滴？聆听创业故事，回望创业初心，本场分论坛让我们跟随青年创业者的脚步，一起敬初心见未来！

在 2018 年亚布力论坛夏季高峰会上，无界空间、inDeco 艺格工装创始人兼 CEO 万柳朔，九次方大数据信息集团有限公司创始人王叁寿，思路迪医药科技（上海）有限公司创始人熊磊，北京粉丝时代网络科技有限公司创始人刘超，华瑞新智科技（北京）有限公司创始人庄浩分别进行了演讲，信中利资本集团创始人、董事长汪潮涌致辞，YoKID 优儿学堂创始人、剑桥大学心理学博士苏德中主持了该场分论坛。

苏德中：今天的嘉宾来自各不相同的行业，同时也都是国内非常有名的投资机构——信中利所投资企业。大家来自不同的领域，期待今天的分享和交流。首先请信中利的创始人、董事长汪潮涌先生致辞。

汪潮涌：亚布力青年论坛在苏博士等一批年轻理事的共同努力之下，成了亚布力一个非常亮丽的品牌，同时也解决了我们亚布力老一辈理事的后顾之忧，使"革命的火炬"得以传承下去。

近20年间，亚布力论坛的企业家们互相帮衬，积极发挥企业家精神，每年都有新思考，每年都有新的进步。与此同时，我们也慢慢有了危机感，希望亚布力有更加新鲜的血液，所以青年论坛应运而生。

从3年前创立之初，到现在每年亚布力年会、夏季峰会青年论坛的专场，再到每年的创新年会，青年论坛一步一个脚印地走到今天，也逐步走向国际舞台。青年论坛汇聚了年轻的力量，为亚布力提供了新鲜的"血液"，并将年轻的思想传递到国际舞台，将亚布力的火炬和亚布力企业家精神传承下去。

苏德中：感谢汪总，下面我们把时间交给五位创始人。首先有请第一位嘉宾——无界空间、inDeco艺格工装创始人兼CEO万柳朔先生。

万柳朔：今天我想分享一下无界空间做联合办公和设计装修的初心。我们期待让办公成为一件幸福的事情。

我从小在美国长大，去了康奈尔读书，然后回到国内，先加入了BCG（The Boston Consulting Group 波士顿咨询公司），从BCG出来创办了第一家企业无界空间。我们做无界的初衷是想做一个好玩的办公空间，因为我们发现身边很多出来创业的人都在抱怨办公环境差，办公环境不只影响员工的办公心情，而且也会影响到他们的办公效率。

2017年，我们做了一个90后办公习惯的调研，发现90后尤其是更加年轻一代人对办公室的要求跟70后、80后非常不一样，他们最在乎的三个关键词是：便利、社交和美。他们极有可能会因为办公场所的功能或者设计而选择一份工作。办公室设计从2000年开始就已经成为美国的一个大趋势了。20世纪60年代的美国流行格子间，每个人都期待拥有一个独立的办公空间。甚至在20世纪70年代至90年代，微软招聘的宣传点就是会给每一个入职的员工提供一间自己的办公室。但是随着互联网的发展，2007年、2008年微软花了20几亿美金，将他们的全球办公室重新改造成了全开放式的，他们喜欢在办公空间里加强同事间的社交，他们希望的办公空间不只是一个工作的空间，而且能让他们在不同地方认识朋友。

无界倡导办公美学主义，我们希望可以将生活和办公的理论链接在一起，通过办公提升员工的办公体验值和舒适度。我们是国内第一家在联合办公空间设计睡眠仓的公司，并在睡眠仓设计了睡眠通铺，一个通铺上可以睡4~6人。我们每天中午进入睡眠舱休息的员工会很多，不仅满足了大家午休的需求，而且也促进了同事间的私人交流，甚至挖掘出了不同部门间潜在的合作机会。

同时，我们也开始推行绿色、环保办公，我们把最核心的位置放在休息室，来促进大家的交流，设置各种各样小茶水间，例如读书角、睡眠仓，或者是适合冥想的绿色空间，保证大家的身体健康。面积不会太大，成本也不会太贵，却极大提升了每个人的办公幸福感。

预计未来5年甚至10年后，所有办公空间的15%~20%都会变成联合办公，我们也希望通过我们的产品能够给更多人提供幸福的办公场景。除了创建理想的新型办公场景，我们当前最新的创业项目是inDeco（艺格工装），即通过设计装修帮更多的人改造他们原有的办公空间。我们一直寻求如何用技术手段降低装修的成本，比如用AI自动化设计装修环节，从而可以节省2周至1个月的工期。在施工环节，由于中国人口老龄化的问题逐步显现，办公装修的成本越来越高，引入人工智能就可以使得装修的部分工序，比如刷墙、喷漆等由机器替代或者协助完成。

无界空间希望通过技术手段降低装修成本，为企业挪出足够多的资金去完善员工的办公空间，因为每一个人在办公室的时间越来越长。我们希望通过改善每一个办公空间，来提升每一个年轻人的工作幸福感。

苏德中：谢谢万柳朔。接下来邀请九次方大数据信息集团有限公司创始人王叁寿先生。

王叁寿：2010年我们刚注册公司的时候，打算用"九次方大数据"的名字进行注册，结果工商局不允许，说没有大数据这个行业，几经周折最终注册的名字是"九次方资讯公司"。2014年3月12日"两会"期间"大数据"首次被写进总理的《政府工作报告》，这时我们才通过国家工商总局把公司名字改成"九次方大数据"。

在2010—2013年的这段时间，我们所有的工作都是在寻找各种各样的数据，基本上没有什么收入。因为所有数据几乎都掌握在政府手中，于是我们就开始思考如何让政府开放数据，激活数据然后应用到不同的场景。2013年初，我去了中国东部一个小城市，跟市长聊，希望可以联手激活政府的数据资源，但市长不明白怎么激活，因为大多数人对大数据的认识就是服务器。政府领导的不认可，以及整个IT行业、互联网公司对大数据产业的理解偏差，让我也开始犹豫，甚至怀疑自己开始大数据创业的初衷是否正确。直到2017年美国大数据的风吹到中国，我们A轮融到了第一笔资金，人员开始扩张。

2013年9月，我去了贵阳，希望可以与贵阳市一起盘活大数据，果不其然，我们的坚持成功了。2015年5月8日，总理在国务院常务会议上做了三百多字的批示，贵阳大数据交易所正式批复下来。紧跟着，九次方就完成了信中利对我们的B轮融资，获得6亿元的资金。我们将所有的资金拿出来跟政府成立合资公司，从而奠定了九次方的盈利模式——跟政府最大的国投平台、投资平台合资成立数据领域的"自来水公司"。没有B轮投资那笔钱根本就不可能有九次方的今天。

2017年年初，我们完成了C轮投资，帮67个省、市合资成立了大数据运营公司，到2018年年底，我们大概会与100个省、市成立数据的资产运营公司。2018年上半年，我们完成了C+轮融资，下个月我们将会完成D轮融资。

回顾九次方大数据的创业历程，我总结了三点。第一，中国未来会出现更加丰富多样的数据阵营：阿里巴巴的电商数据阵营、腾讯的社交数据

阵营、百度的互联网数据阵营、几大运营商的电信数据阵营，第五个就是以九次方为代表的整个政府数据资源阵营。第二，九次方会孵化投资300多家垂直的大数据公司，在这些"跑马圈地"的地盘里面做应用场景。第三，激活数据资源之后，让"自来水"变成"可口可乐"，这是我们整个公司未来的发展战略。

最后，我非常感谢汪潮涌董事长在我们最艰难的时候支持了我们。投资其实不分类型，心态决定了整个投资的收益。

苏德中：接下来，请第三位嘉宾熊博士分享。

熊磊：我们想做的是用精准医疗来改变肿瘤的治疗。

现在药物很贵，为什么？因为药物的开发成本非常高，我们研究的100个药物中可能只有3~5个药物可以上市，而每个药物的开发成本是5亿~10亿元。且药物研究要获得成功，最终可能需要支付约30倍的失败成本，也就是说，一个药物要获得成功可能需要150亿元，而这150亿元的失败成本要均摊到成功的药物身上，这就使得药物的成本攀升。其实药物本身的生产成本不高，但是它背负了近30倍的研发成本。

为什么药物开发成本这么贵？是因为它的失败率很高。没有一个药物

可以适用于所有患者，没有一个药物能让所有人都得到良好的治疗，但是如果我们能把那一部分特殊病人找出来，那么就意味着每一个药物的临床实验都是针对这些极其有效的病人来开发；如果以这样的方式来开发这个药，其开发成本可能只有四五个亿，意味着缩小了90%的成本，这样的药物一年治疗的费用只需5万~10万元，每个月的治疗费用只需四五千元，这就是精准医疗带来的效率。我们相信精准医疗未来一定会按疗效支付费用，因为这可能会改变整个医保、保费与患者之间的支付关系，如果是无效患者就不用支付药费了。

2010年年底，我回到中国开始着手精准医疗，当时这个概念鲜为人知，甚至很多人分不清楚肿瘤和癌症的关系。在中国创业，尤其是试图去改变某些行业的未来发展方向是非常难的，但并不代表它的未来是暗淡的，我们坚信精准医疗的未来是光明的。2010—2014年这整整4年间，我们公司融资十分艰难，2012年融到了1000万元，2014年融到3000万元，4000万元对于药物开发是九牛一毛，只能是为我们未来的研发打一个基础。2015年以后，公司发生了巨大变化，整个诊断的产品开发加快了进程，2016年药物开发又往前迈进了一大步。2016—2017年，我们获得信中利投资，进一步将我们的药物推向临床。

我们常见的药物开发的方式有两种。第一种是传统的开发方式，开发前不做任何诊断，不筛选病人，这样的药物研发周期需要十几年甚至更长的时间，且成功率极低。第二种，我们会提前开发并对每一个病人进行筛选，对症下药。对症下药的药物开发方式是我们希望达到的最佳状态。在药物研发初期，我们就会对病人进行筛选；进入临床实验期后，我们可能用3~5年的时间成功开发出所需药物，同时我们可能只要开发2~3个药物就能成功一半以上，从而大大提升了研发的成功率。

我们一年大概会为中国几万名肿瘤患者提供检测，这些检测可以帮助患者找到最好的用药方式，不仅节省时间，而且还是对生命最大的敬畏。

2014年，我们只有一个药物处在临床期，但是到了2018年就已经开发出了五个药物，其中三个药物在临床阶段，而且我们不止在中国做临床实验，也在美国、日本进行临床实验。

截至目前，我们所取得的成绩，除了来自股东的支持以外，更重要的是我们在过去凝聚了整个团队的力量，积累了大量的研发经验。我们团队的很多人都是在2010年、2012年、2013年公司非常艰难的期间加入公司的，大家并肩作战，我们希望能够用更加精准的方式服务患者，降低药物成本，最终改变中国肿瘤因病致贫的现状。

我们希望未来进一步提升药物开发效率，用科技的力量，缩短传统药品开发周期，降低肿瘤治疗成本，甚至是颠覆现有的诊疗模式。思路迪想做的就是不断研发，通过不同的药物组合，用更加精准的方式延长病人的生命，改变大众对中国医疗的负面看法，坚持初心，用科技医疗改变世界。能够预见未来的一定是极少数人，我们愿意坚持初心，用思想和科技改变世界。

苏德中：谢谢熊博士。熊博士刚才的发言完全契合我们的主题"初心与未来"，无论过程有多困难，只要我们坚定，未来可至。也祝愿熊博士带领你们的团队研发出越来越多的药物，给患者一个更健康的未来。

接下来，我们有请我们的第四位发言嘉宾，北京粉丝时代网络科技有限公司创始人刘超先生。

刘超：其实下定决心做粉丝网是源于当时在上海梅赛德斯奔驰中心看了一场韩国明星的演唱会，当时数万名粉丝把整个现场装点成一片粉红色的海洋。但是现场的表演，说实在话，作为一个中国人，我基本上没有太听懂，也没有看懂他们到底在表演什么。而就在这种情况下，现场数万粉丝整齐划一的动作、歇斯底里的呐喊、喜极而泣的表情都让我震惊。我旁边有位女生哭花了脸，我说："你为什么要哭？"她反问我："你为什么不哭？"在那一刻，我就觉得每一个明星的"粉丝团"就像一个宗教一样，他们有自己的信仰、沟通方式和行为规则，我们可以不理解他，但是当我们把一个又一个明星的"粉丝团"集合到一个网站和平台上的时候，他们可能会产生巨大的价值，那就是在那一刻我决定做"粉丝网"，这就是我做"粉丝网"的初心。

开始做"粉丝网"之后，我开始研究我们的用户群体，他们有什么样的需求和特点？经过几年的研究，我发现可以用七个字来概括他们：见面、帮忙、认同感。

第一，见面。见面就是现场面对面进行互动，没办法实现面对面的

也可以采用直播的方式实现同一时间、不同空间的交流和互动。如果无法直播，还可以通过网络刷新闻，浏览高清大图。在粉丝界有一个词叫"舔屏"，"舔"手机屏幕，以解"相思"之苦，但是面对面的互动仍是第一刚需。

第二，帮忙，即帮明星赚到钱，帮明星更出名。现在经常看到粉丝包直升机、包时代广场的屏幕，把新京报、南方都市报等五个城市报纸的版面买下来给自己喜欢的明星做宣传，甚至以这些明星的名义在全国各个城市开展公益活动。这些都是我们在幕后策划，这些活动之所以能够取得巨大成功，产生强大的影响力，都是因为粉丝坚定的核心需求：帮自己喜欢的明星更出名。

第三，认同感。粉丝的所有行为都希望得到明星的认同和认证。

明确粉丝及粉丝团的核心需求后，我们会设计相应的周边产品实现营收。同时我们也会运用大数据分析粉丝数据。我们通常从粉丝数量、团结度、付费率和传播率这四个维度来分析所有粉丝的能动性和特点，从而进一步制定下一步的策略。比如，如何将现有平台上过亿的用户导给一个素人，让他成为一个明星。首先，"造星"必须通过作品，最好的是影视剧作品，什么样类型的影视剧最吸粉？古偶、仙侠、耽美、虐恋。我们也做了很多反向研究，比如，电视剧《人民的名义》收视率破8，但是陆毅的粉丝却没有获得太多的增长，基于这种情况，我们也进行了"造星"探索。八个月前我们签约了三位纯素人，为他们打造了一部剧，这部剧完全是基于粉丝数据而反向定制的，现在被优酷评为A+级的剧，现在三位素人男主的粉丝每天都在增长，这是我们在"造星"方面的尝试。我们希望通过这种全新的模式，让粉丝经济有全新的玩法。

2014年创业初期，汪总是我们的天使投资人，给了我们极大的帮助和支持，并且给我们很多战略方向上的指导。汪总有一段话，我至今记忆犹新。他说，过去10年是商品经济快速发展的10年，最伟大的企业是阿里巴巴，因为马云重新解构了整个商品经济的交易模式和交易单元，大家原来都到实体店买东西，现在都到网上买东西。而未来10年是体验经济快速发展的10年，粉丝是站在体验经济金字塔顶端的一部分人，如果我们能把这个群体的消费心理和消费模式研究清楚，就有可能构架出未来引领整个体验经济时代的伟大企业。他们希望我们能够成为未来体验经济时代的"阿里巴巴"，我们也一直沿着这个方向在努力。

今天非常荣幸能够在亚布力青年论坛分享，也期待在座各位能给我们更多的帮助和支持，一起去开拓粉丝经济的"金矿"。

苏德中：接下来，有请今天最后一位发言嘉宾庄浩总。

庄浩：很高兴站在这里跟大家分享我的创业经历。2010年，因为北京大学和欧盟的一个交换项目，我去了芬兰赫尔辛基的诺基亚。2010年是移动互联网的开端，诺基亚在从功能机向智能机转变的过程中错失良机，就这样一个千亿的帝国轰然倒塌了，令我深感震撼。后来我在瑞典斯德哥尔摩皇家工学院做了半年的研究，在这一过程中我意识到，我需要做一些智能领域的研究，所以我又来到了美丽的瑞士。

我们学校——瑞士洛桑联邦理工大学坐落在阿尔卑斯山山区、日内瓦湖旁边，当时我选择的方向是机器学习、深度学习，所有的项目跟工业界联系都非常紧密。我们也会帮助雀巢工厂预测工厂设备在未来一段时间

内出现故障的可能性。第一次去雀巢工厂时我十分震惊，因为在一个将近100亩地的工厂中只有不到10个人在进行维护，效率之高、智能化的程度之高都让人非常震撼。当时我们就想，我们要把瑞士的创新带回中国。2016年年底，我毕业回国。2017年2月，我和两位师兄一起创业，得到了汪总的大力支持，顺利拿到了信中利的天使投资。

我们公司的产品主要围绕两个方面。第一，赋能工厂，为工厂提供数据，为设备进行诊断。工厂里有大量设备，这些设备不断地产生数据，如果这些数据没有得到很好的分析，那么设备的性能就无法及时获得诊断。第二，赋能设备，让设备有视觉功能，进而让设备能够做出正确的判断，进一步执行命令，所以我们的核心技术就是模拟人的认知和判断决策的过程。

我们的客户之一仁宝集团，是世界第二大PC制造商，其主要客户包括惠普、联想、戴尔，他们一条产线上有150个工人，每个人每天都在重复机械的操作，有人打螺丝，有人只是把内存插到主板上。我们给他们提供了自动化方案，让机器替换人的部分工作，进而推出设备智能工厂。我们的方案最终使得每条生产线省了70人的人力，一年就可节省1000万元人民币的人力成本。

同时我们也赋能设备。例如，我们和易瓦特合作，帮助他们的无人机获得认知决策能力；与公安系统进行合作，可在火车站、演唱会现场统计现场人数，获取每个路口的人流和车流信息。另外，我们也可以进行烟火检测、工程施工检测、机械检测等。

在过去一年半的时间内，我们成功服务了很多像中国海洋石油、国家电网这样的大型央企以及仁宝电网、和硕电网、飞力达物流等世界500强企业。我们期待未来可以通过我们的产品让智能触手可及。

苏德中：感谢今天五位嘉宾对于公司、对于未来、对于初心的洞见。再次感谢大家出席青年论坛，同时恭喜信中利基金投资了那么多优秀的企业，希望大家的未来会越来越好。

改革下一程

1978年年末，中国共产党十一届三中全会召开，做出了改革开放这一"决定当代中国命运的关键抉择"。2018年，改革开放40年。从1978年到2017年，全国城镇人均可支配收入由343元增加到3.6万多元，农村居民人均纯收入由134元增加到1.34万多元；基本医疗保险、社会养老保险从无到有，分别覆盖了13.5亿人和9亿多人；7亿多人口摆脱绝对贫困；从凭票证购买商品到通过电商"买遍全球"，从单调的文化生活到多姿多彩的影幕、荧屏、舞台，从"自行车王国"到高铁总里程世界第一……

企业家是改革的主体

1978年再次出发的中国，缔造了震撼世界的"中国奇迹"。其经济增长的基本逻辑可以从亚当·斯密的《国富论》中探寻。在亚当·斯密看来，国民财富的增长主要来自劳动生产率的提高，而劳动生产率的提高依靠技术进步和创新，技术进步和创新则依赖于社会分工和专业化。而驱动这些得以实现的主体是企业家！这是熊彼特100多年前告诉我们的。根据熊彼特的增长理论，如果没有企业家精神，经济生活不过是一个静态的循环流转；正是企业家精神打破了这个循环流转，使得经济增长成为可能。在经济成长过程中，从扩大市场规模、创造分工到创新，再把收入变成市场，主角都是企业家。如果没有企业家，人类只能过自给自足的生活。

中国40年改革开放中涌现出的一拨又一拨企业家正是这一理论的现实验证。任何一段有关改革开放的叙事都不会忘记，正是星火燎原的企业家群体顺应了改革，也推动了改革。从鲁冠球到年广久，从最早的"农村能人"到"92派"企业家，从小作坊到"出海打鱼"，在与市场的交锋中，这个群体不仅做大了经济蛋糕、创造了物质财富，也培育了勤勉、勇敢、创新等精神财富。受益于改革开放打开的制度空间，又反过来打开新的改革空间，企业家成为最有创造力与活力的改革主体，推动着中国经济改革的进程。

40年改革，中国做对了

企业家是经济增长的源泉，但企业家的成长也离不开适宜的"土壤"。1992年邓小平南方谈话后，《股份有限公司规范意见》和《有限责任公司规范意见》两个文件分别在《人民日报》《经济日报》《光明日报》整版刊登。这为中国企业家群体的生存和发展提供了法律保障。在这之前，中国只有国有企业、乡镇企业，私营的只有个体户和外资。也正因为这两个文件，国内迎来了真正的创业时代，1992年也被称为"中国现代企业元年"。

在2018年的中国企业家发展信心指数调查中，一项关于"中国过去40年做对了什么"的调查数据显示，50.8%的受调查企业家认为中国经济的成功主要得益于进行了市场化和产权改革；20.0%的企业家认为是采用了渐进式策略；17.5%的企业家认为是后发优势。由此可见，市场化、产权清晰、权责分明等外部环境的改善，在企业家们看来是中国经济取得成功的关键，也是企业永续经营的基石。

当下，从国际上看，美国贸易保护主义政策的进一步实施，极大地冲击了全球经济一体化的分工，严重影响了世界各国的经济。尤其对以外向型为主的我国经济产生了一定的影响，它使得中国对外贸易增速下降，进而影响了我国的经济发展速度。从国内看，为了防范和化解金融风险，国家正在去杠杆，使得我国货币政策紧张，但与此同时，财政政策并没能很好地发挥积极的作用。在内外双重因素的影响下，中国企业已然面临新的压力和挑战。同样在2018年中国企业家发展信心指数调查中，关于"当前企业获得贷款难度变化"的调查数据显示，58.2%的受调查企业家认为获得贷款的难度增加；关于"相较去年的人力成本变动情况"的调查数据显示，77.5%的受调查公司人力成本有所增加。

面对这样的环境，我们需沉着应对。实践证明，过去40年中国经济发展是在开放条件下取得的，而现在我们更应以开放的姿态迎接挑战，开启改革开放的新征程。对外，我们可以提高开放的层次，对内完善市场经济体制，降低企业税负，鼓励创新，以构建适合企业生产与发展的"土壤"，激发企业活力，弘扬企业家精神，发挥企业家才能，提振企业家信心。企业家们也需锻炼自身，拥抱变化，以更积极的心态迈入新的改革征程。

作为企业家的重要思想交流平台，亚布力论坛也将继续秉持自由、平等、客观的精神，弘扬企业家精神，为中国改革开放的新征程贡献一份力量。当然，这一目标的成功实现离不开一些品牌理念与亚布力论坛相契合的企业的支持。比如芙蓉王文化，在公众眼中，芙蓉王一直是一个低调、不事张扬的品牌。但就在这种低调中，多年的潜心运作让芙蓉王顺利成为烟草行业中式卷烟的代表品牌。"传递价值，成就你我"，芙蓉王的品牌理念强调价值的传递与成就的共享，这与亚布力论坛的宗旨"让企业有思想，让思想能流传"不谋而合，也与企业家们发扬与传承企业家精神的希望和努力相契合。在此，感谢芙蓉王文化愿意与我们一起，成为中国企业家精神的传递者。